DES

DÉLITS EXTRATERRITORIAUX

THÈSE POUR LE DOCTORAT

PAR

René LEBLOND

AVOCAT A LA COUR D'APPEL

PARIS

LIBRAIRIE NOUVELLE DE DROIT ET DE JURISPRUDENCE

ARTHUR ROUSSEAU, ÉDITEUR

14, RUE SOUFFLOT ET RUE TOULLIER, 13

1898

THÈSE

POUR LE DOCTORAT

DES
DÉLITS EXTRATERRITORIAUX

THÈSE POUR LE DOCTORAT

L'ACTE PUBLIC SUR LES MATIÈRES CI-APRÈS

Sera soutenu le jeudi 27 octobre 1898, à 8 heures

PAR

René LEBLOND

AVOCAT A LA COUR D'APPEL

Président : M. LE POITTEVIN.

Suffragants : { MM. LAINÉ, BERTHÉLÉMY, } *professeurs.*

PARIS

LIBRAIRIE NOUVELLE DE DROIT ET DE JURISPRUDENCE

ARTHUR ROUSSEAU, ÉDITEUR

14, RUE SOUFFLOT ET RUE TOULLIER, 13

1898

DES

DÉLITS EXTRA-TERRITORIAUX

INTRODUCTION

L'étude de l'empire de la loi pénale comprend l'examen de son application à deux catégories de faits :

Aux infractions commises sur le territoire ;

Aux infractions commises hors du territoire.

Il ne saurait exister de controverse sérieuse au sujet de l'autorité territoriale de la juridiction répressive. La loi exerce un empire absolu sur tous ceux qui résident dans les limites de l'Etat. C'est cette règle qu'exprime l'article 3 de notre Code civil. « Les lois de police et de sûreté obligent tous ceux qui habitent le territoire. » La plupart des législations étrangères reproduisent cette disposition à de rares exceptions près (1).

Mais l'Etat, juge incontesté des faits délictueux com-

---

(1) Ces dérogations sont justifiées dans certains pays dits hors chrétienté (Echelles du Levant et de Barbarie, Chine, etc.) par des mœurs et des institutions toutes spéciales.

mis sur le sol qui lui est soumis, peut-il étendre sa compétence à des infractions qui ont eu lieu au dehors ?

Ce problème, effleuré par nos anciens jurisconsultes, ne s'est clairement posé que depuis environ un siècle. Les difficultés qu'il présente ont été, depuis lors, vivement discutées dans la plupart des parlements européens, à l'occasion de nombreuses réformes législatives.

Son intérêt devenait en effet de jour en jour plus grand.

Les nations vivaient autrefois dans un isolement jaloux. Préoccupées de maintenir l'ordre chez elles et indifférentes à ce qui avait pu se passer au dehors, elles se souciaient peu de demander à un malfaiteur, compte des méfaits dont il s'était rendu coupable à l'étranger.

Peu à peu, à mesure que la civilisation se développait et que les moyens de communication devenaient plus nombreux, des rapports se sont établis entre les Etats. Les inventions récentes ont mis le comble à la rapidité et à la facilité de ces relations. En même temps, les mesures de précaution et de surveillance exercées aux frontières, devenues impraticables, ont dû se relâcher. Ces progrès, tout en exerçant sur le bien-être général une influence féconde, ont, par contre, fourni au crime des armes nouvelles en apportant au coupable des moyens précieux d'échapper à la répression. Le mal, autrefois circonscrit aux frontières, s'est peu à peu étendu. Les criminels opèrent aujourd'hui sur un plus large espace ; leur forfait consommé, ils se réfugient en quelques heures dans le pays le plus proche dont aucune formalité ne leur interdit plus l'entrée.

En présence de cette situation nouvelle, les Etats ont compris qu'il était de leur devoir et de leur intérêt, de mettre un terme à un état de choses aussi préjudiciable à la sécurité publique, en faisant en sorte que le délinquant ne puisse échapper au châtiment.

A cet effet, ils ont introduit dans le droit deux pratiques destinées à éviter l'impunité.

Par l'extradition, le pays de refuge livre le coupable au pays sur le territoire duquel l'infraction a été commise. La compétence de ce dernier est sans conteste la plus rationnelle.

Si l'extradition est impossible, en raison de la qualité de la personne ou pour toute autre cause, l'Etat de refuge juge lui-même le malfaiteur qu'il a en son pouvoir.

C'est la justification et l'organisation de cette compétence subsidiaire qui vont être l'objet de cette étude.

Après avoir fait l'historique de la question, dans l'ancien droit et dans les divers monuments législatifs qui ont précédé la législation française actuelle sur cette matière, nous exposerons les différents systèmes extensifs ou restrictifs qui ont été proposés, touchant l'application de la loi pénale aux faits commis hors du territoire. La légitimité de la répression de ces infractions établie, nous verrons dans quelles limites le principe doit être consacré, quant aux faits et aux personnes punissables et étudierons les règles de la poursuite, en passant en revue les solutions des principaux codes européens sur chaque point.

Nous examinerons en dernier lieu la Loi Française à part, afin de la pouvoir mieux juger dans son ensemble.

PREMIÈRE PARTIE

HISTORIQUE.

SECTION I

ANCIEN DROIT.

La poursuite des délits commis à l'étranger, soit par un régnicole au préjudice d'un de ses compatriotes ou d'un étranger, soit par un étranger contre un régnicole ou un autre étranger, préoccupa nos anciens juris-consultes.

Il n'est pas inutile, avant d'étudier les solutions qu'ils donnaient à ces diverses questions, de nous demander si cette répression ne trouvait pas d'obstacle dans les principes de droit public sur lesquels reposait alors le droit de punir.

« Selon les idées reçues sous l'ancienne monarchie, dit à ce sujet M. Victor Molinier (1), toute justice éma-

----

(1) *Étude sur le nouveau projet de Code pénal pour le royaume d'Ita-lie*, 1880, p. 54 et 55.

nait du roi et était rendue en son nom. Le roi était considéré comme le mandataire de Dieu, tenant de Dieu seul le glaive vengeur qu'il avait mis dans ses mains pour procurer dès ce monde l'expiation du crime..... La justice répressive ainsi possédée en vertu d'une délégation émanant de Dieu, pouvait bien, quant à son exercice, avoir à restreindre son action dans l'étendue de chaque souveraineté, mais par une conséquence de l'universalité de la loi divine, le coupable devait pouvoir être frappé partout où le glaive vengeur confié au monarque pouvait l'atteindre. »

Une conception aussi large du droit de punir permettait de faire entrer dans la compétence des tribunaux, des infractions perpétrées hors des frontières. Du reste les auteurs affirmaient la nécessité de cette répression. Au XVIe siècle, Julius Clarus établit nettement « qu'il importe à l'intérêt public, que les membres d'une même cité, que les sujets d'un même État se conduisent bien et vivent honnêtement : que dès lors il y a lieu de les punir quand ils ont commis un crime quel que soit le lieu où ils l'ont commis (1) » ; il ajoute que s'il en était autrement l'impunité serait assurée aux coupables qui se hâteraient, après la perpétration d'un forfait, de passer dans un autre royaume.

Le principe vérifié, voyons comment nos anciens criminalistes et nos anciens parlements en avaient réglé l'application.

(1) *Recept. Sent.*, *quæst.* 39, nº 4.

Tout d'abord il fallait distinguer suivant que le coupable était français ou étranger.

Le crime a-t-il été commis par un régnicole ; il sera justiciable des tribunaux du royaume quelle que soit la nationalité de la victime. Les juges de France sont les juges du domicile du coupable dit Jousse (1), cela rentre dans le cas de la règle générale touchant la compétence en matière criminelle. « Si l'accusé est Français, dit aussi Rousseau de la Combe (2), il ne peut décliner ses juges naturels et conséquemment l'étranger est bien fondé à demander réparation, quoique le délit ait été commis hors du royaume. »

L'infraction a-t-elle pour auteur un étranger; une distinction est encore nécessaire, suivant que la victime est française ou étrangère.

Dans le premier cas, le coupable peut être poursuivi s'il est trouvé en France, suivant les règles ordinaires (3).

(1) *Justice criminelle*, t. I, p. 424.
(2) *Traité des matières criminelles*.
(3) Il faut toutefois tenir compte du caractère de son séjour en France. Y est-il domicilié, les tribunaux du roi peuvent être saisis. Pas de difficulté non plus s'il y est réfugié, c'est alors un vagabond qui, n'ayant aucun domicile, peut être poursuivi devant le juge du lieu où il est trouvé. Mais que décider si l'étranger ne se trouve dans le royaume qu'en passant ou pour ses affaires ? La majorité des auteurs et parmi eux Talon, de Thou et Mornac cités par Jousse (*op. cit.*, p. 426) inclinent pour la répression à cette triple condition que l'inculpé soit arrêté en France, que le Français porte plainte, que les preuves du délit puissent se réunir aisément. L'opinion d'Ayrault est intéressante à rapporter parce qu'elle contient la notion de l'extradition. Ce jurisconsulte voulait que toute poursuite fut suspendue, si le souverain dont le coupable était le sujet, le réclamait et offrait d'en faire justice (*Instruc. judiciaire*, t. I, p. 71, n° 11).

Le sujet français doit être protégé partout où il se trouve par la loi de son pays, qui placera l'étranger sous la menace d'une peine s'il vient dans la patrie de celui qu'il a lésé.

Dans le second cas, la difficulté est plus grande et il existait entre les jurisconsultes un grave désaccord.

L'opinion la plus soutenue était que « les juges de France ne peuvent connaître de l'affaire, il faut s'incliner devant la règle générale qui attribue compétence aux juges du lieu du délit ou aux juges du domicile de l'accusé » (1).

Certains pensaient pourtant que l'intérêt de l'Etat à la répression suffisait à justifier une poursuite (2).

Un troisième avis, émis par l'avocat général Talon dans un arrêt du 14 août 1632 et consacré par l'autorité de Jousse (3), permettait aux officiers du roi d'agir, non *per viam inquisitionis*, c'est-à-dire d'office, mais *per viam accusationis*, c'est-à-dire sur la plainte de l'étranger lésé ou d'un membre de sa famille.

Ajoutons que l'unanimité des juristes décidait d'attribuer compétence à nos tribunaux, au cas où l'infraction accomplie par un étranger, au préjudice d'un étranger, au delà des frontières, avait produit effet en France. C'est ainsi qu'un arrêt de la Tournelle du Parlement de Paris du 13 février 1671, condamna deux Viennois qui

(1) Jousse, *op. cit.*, p. 425.
(2) Mornac, Boërius, Covarruvias, Carondas cités par Jousse, *op. cit.*, p. 426.
(3) *Loc. cit.*

s'étaient rendus coupables à Venise d'un vol considérable de pierreries appartenant à un Arménien et les avaient exposées en vente à Paris.

L'examen de ces différentes solutions démontre, selon nous que, dans l'ancien droit, l'action de la loi répressive n'était pas restreinte aux faits accomplis sur le territoire. Si à l'égard de l'étranger la question est très controversée, il est certain que le régnicole qui a commis une infraction hors du royaume, peut y être puni. A l'égard du national, la loi pénale est une loi de domicile analogue à celle qui règle son état et sa capacité. Attachée à la personne du Français, elle le suit partout où il réside et l'oblige à rendre compte, à son retour, de ses actes répréhensibles. C'est la notion de la personnalité telle qu'elle apparaît dans le droit intermédiaire et dans le droit moderne (1). L'Etat français se considère vis-à-vis de ses nationaux comme devant faire fonction de justicier, et faire fonction de justicier, ce n'est pas seulement accorder réparation à la victime de l'infraction, c'est également appliquer la justice dans toute sa rigueur à ceux qui ont mérité une peine, sans distinguer si le crime a été commis en France ou à l'étranger (2).

Tel est l'état de la question à la veille de la Révolution. Examinons maintenant quelle fut, sur ce point, l'œuvre du droit intermédiaire.

(1) La conception de la personnalité des lois barbares était différente. Elle reposait sur l'idée que la loi est une faculté inhérente à la personne, permettant au délinquant d'invoquer devant le juge compétent sa loi d'origine dont les dispositions doivent lui être appliquées.

(2) Saleilles à son cours.

SECTION II

DROIT INTERMÉDIAIRE.

A la fin de l'ancien droit, une réaction s'était opérée
vers le principe qui consacre pleinement la territorialité de la loi pénale. Déjà au milieu du XVIIIe siècle
Beccaria avait dit : « Un scélérat dont les crimes précédents n'ont pu violer les lois d'une société dont il n'était
pas membre, peut bien être craint et chassé de cette
société ; mais les lois ne peuvent lui infliger d'autre
peine, puisqu'elles ne sont faites que pour punir le tort
qui leur est fait et non le crime qui ne les offense
point. » C'est que, comme Rousseau, Beccaria fait déri-
ver le droit de punir d'une convention intervenue lors
de la formation de chaque Etat. L'individu s'est soumis
à l'éventualité d'un châtiment, au cas où il contrevien-
drait aux dispositions répressives de l'association dont
il fait partie ; s'il transgresse celles d'une autre société,
il ne peut être poursuivi au nom de ses codes nationaux.

Ces doctrines ont inspiré la réforme pénale de la fin
du XVIIIe siècle. Pénétrés de ces idées, les jurisconsultes de cette époque en ont fait l'application dans leurs
travaux législatifs.

Le premier de ces monuments, le Code criminel de
1791, *Des lois concernant la police de sûreté, la justice
criminelle et l'établissement des jurés*, est muet sur le
point que nous étudions. L'institution du jury est l'objet de toute l'attention du législateur. C'est dans un
décret de l'Assemblée législative du 3-7 septembre 1792,
qu'il faut chercher la tendance que nous avons indiquée.

Voici ce décret :

« L'Assemblée législative, — considérant qu'il y
a des étrangers détenus aux galères de France, en
conséquence de jugements rendus par des tribunaux
français pour délits commis hors du royaume, et qu'il
s'agit de statuer sur la liberté de ces étrangers ; que les
étrangers prévenus de délits commis dans leur patrie
n'ont pu être légalement jugés que selon les lois de leur
pays et par leurs magistrats : que les peines ne peuvent
avoir lieu que là où les crimes ont été commis, et que
ce serait tolérer une atteinte à la souveraineté des peuples, pour laquelle la France donne toujours l'exemple
du respect, que de retenir sur ses galères des étrangers
qui n'ont pas blessé ses lois, — décrète ce qui suit : —
Il ne sera retenu sur les galères de France aucun étranger condamné pour crimes commis hors du territoire
français. »

On ne peut exprimer plus clairement que la loi pénale est exclusivement territoriale. Puisqu'on ne se
préoccupait plus de punir en France le Français cou-

pable d'une infraction hors du territoire, à plus forte raison ne devait-on plus infliger de peine à l'étranger qui avait commis un crime au delà des frontières, fût-ce même contre un Français.

Pourtant, durant les années qui suivirent, on ne tarda pas à s'apercevoir des inconvénients que présentait pour la sécurité publique, l'application aussi stricte du principe de la territorialité. Des malfaiteurs, forts de l'impuissance de la loi, passaient à l'étranger, s'y livraient à des actes de brigandage et de violence, puis rentraient en France, où ils jouissaient du profit de leurs crimes, impunis et redoutés. Quelle mesure prendre à leur égard? Sans doute on aurait pu les arrêter et les livrer au pays dont ils avaient troublé l'ordre et violé la loi. C'était concilier en même temps notre intérêt et celui de la nation lésée. Mais cette dernière, à son tour, eut-elle consenti à user de réciprocité, en remettant à la France révolutionnaire, ceux de ses nationaux qui seraient venus commettre une infraction sur notre territoire. On pouvait en douter car le régime politique, les excès auxquels on s'était livré portaient ombrage à l'Europe et la disposaient contre nous à la méfiance. On ne s'arrêta donc pas à ce parti, et, comme il fallait mettre un terme aux excès signalés de toutes parts, on résolut d'apporter une restriction à la rigueur du système.

Ce fut l'œuvre des articles 11, 12 et 13 du Code des délits et des peines de brumaire an IV.

Voici ces dispositions :

Art. 11. — Tout Français qui se sera rendu coupable hors du territoire de la République, d'un délit auquel les lois françaises infligent une peine afflictive et infamante est jugé et puni en France lorsqu'il y est arrêté.

Art. 12. — Sont dans le même cas jugés et punis en France, les étrangers qui ont contrefait, falsifié ou altéré, hors du territoire de la République, soit de la monnaie nationale, soit des papiers nationaux ayant cours de monnaie, ou qui ont exposé sciemment hors du territoire de la République, soit des monnaies nationales contrefaites ou altérées, soit des papiers nationaux, ayant cours de monnaie, contrefaits ou falsifiés.

Art. 13. — A l'égard des délits de toute autre nature, les étrangers qui sont prévenus de les avoir commis en dehors du territoire de la République, ne pourront être jugés, ni punis en France. Mais, sur la preuve des poursuites faites contre eux dans le pays où ils ont été commis, si ces délits sont du nombre de ceux qui attentent aux personnes ou aux propriétés, et qui, d'après les lois françaises, comportent peine afflictive ou infamante, ils sont condamnés par les tribunaux correctionnels à sortir du territoire français, avec défense d'y rentrer, jusqu'à ce qu'ils se soient justifiés devant les tribunaux compétents.

Pour la première fois, un texte législatif pose le principe de la compétence de nos tribunaux en matière d'infractions extraterritoriales. Quelle en est l'étendue ?

Quant aux Français : les faits de la plus haute gravité, ceux que le législateur qualifiera plus tard de crimes, sont seuls atteints. Peu importe que la victime soit française ou étrangère, l'acte est également punissable dans l'un et l'autre cas ; la seule condition qu'exige l'article 11 est le retour du coupable sur notre territoire.

A l'égard des étrangers, la règle est l'incompétence. Par exception, l'article 12 autorise des poursuites contre les attentats qui visent la richesse publique. Les autres faits restent impunis ; la seule arme qu'on eut était l'expulsion autorisée en cas de crime. Ce droit était donné à l'autorité judiciaire ; deux ans plus tard une loi du 28 vendémiaire an VI vint en faire une mesure administrative.

Cette législation demeura en vigueur jusqu'à la rédaction des Codes pénal et d'instruction criminelle.

SECTION III

CODE D'INSTRUCTION CRIMINELLE.

Le projet de loi contenait, sur notre matière, les deux articles suivants :

Art. 5. — Tout Français qui, hors du territoire de France, aura commis un crime attentoire à la sûreté de l'Etat ou contre la personne d'un Français, sera poursuivi, jugé et puni en France suivant les lois de l'Empire.

Art. 6. — Sera également poursuivi, jugé et puni tout Français et même tout étranger, qui se sera rendu coupable hors du territoire de France, de contrefaçon du sceau de l'Etat, de monnaies nationales ayant cours, de papiers nationaux, de billets de la banque de France ou des banques des départements (1).

Ces dispositions étaient plus restrictives que celles qu'elles étaient appelées à remplacer ; la poursuite n'était plus permise, en France, au cas de crime commis par un Français sur la personne d'un étranger.

Elles n'en furent pas moins l'objet de très vives critiques durant la séance du Conseil d'Etat du 4 septembre

(1) Locré, t. XXIV, p. 109 et suiv.

1804 de la part des partisans de la territorialité absolue
de la loi pénale.

Si tous étaient d'accord pour punir les attentats dirigés contre l'Etat, il n'en était plus de même au sujet des
infractions d'ordre privé.

Treilhard combattit le projet au nom des idées alors
en faveur. « Le seul juge compétent du délit, disait-il,
est celui du lieu dans lequel le délit a été commis, ou
dans lequel il se continue… On prétend qu'un Français,
dans l'étranger, est soumis aux lois françaises en ce qui
concerne sa personne. Ce principe est vrai quant aux
capacités civiles, il est faux à l'égard des actions et des
délits. Sous ce rapport, chaque individu n'est soumis
qu'aux lois du pays où il se trouve. La puissance à laquelle il appartient de le punir est celle chez laquelle il
a troublé l'ordre public. » Bérenger parlait dans le même
sens.

Target, Berlier et l'archichancelier Cambacérès sou-
tinrent le projet. Très habilement ce dernier insinuait :
« Il ne faut pas oublier qu'on exerce ici le pouvoir du législateur. Les questions qu'on agite ne peuvent pas être
traitées, comme si les règles par lesquelles elles doivent
être décidées, étaient faites, il s'agit au contraire de les
créer… On a eu raison de dire que les Français demeu-
rent soumis à nos lois en quelque pays qu'ils se trouvent.
Ce principe peut n'avoir pas encore été assez clairement
fixé ; mais c'est par cette raison même qu'il convient de
l'énoncer dans le Code criminel ».

De cette lutte naquit un système, sorte de compromis entre les opinions adverses, ce qui lui enlève un peu de netteté. Nous reproduisons le texte, tel qu'il fut rédigé par Treilhard.

Art. 5. — Tout Français qui se sera rendu coupable hors du territoire de France, d'un crime attentatoire à la sûreté de l'Etat, de contrefaçon du sceau de l'Etat, de monnaies nationales ayant cours, de papiers nationaux, de billets de banque autorisés par la loi, pourra être poursuivi, jugé et puni en France, d'après les dispositions des lois françaises.

Art. 6. — Cette disposition pourra être étendue aux étrangers qui, auteurs ou complices des mêmes crimes, seraient arrêtés en France, ou dont le gouvernement obtiendrait l'extradition.

Art. 7. — Tout Français qui se sera rendu coupable hors du territoire du royaume, d'un crime contre un Français, pourra, à son retour en France, y être poursuivi et jugé, s'il n'a pas été poursuivi et jugé en pays étranger et si le Français offensé a rendu plainte contre lui.

A nos yeux, ces articles consacrent la doctrine de la territorialité.

Voici les raisons sur lesquelles nous fondons cette opinion. Elle est d'abord corroborée par les termes mêmes de l'exposé des motifs rédigé par Treilhard qui s'exprime ainsi : « Sans doute, la règle générale en cette matière, est que le droit de poursuivre un crime n'appartient qu'au magistrat du territoire sur lequel il a été commis ou du territoire sur lequel le crime s'est prolongé. Mais il est des attentats qui attaquent la sûreté et l'essence même de tous les Etats, dont l'intérêt commun des nations doit provoquer la poursuite lorsque le coupable a l'audace de se montrer dans le sein du gouvernement qu'il a voulu détruire. Quant au Français qui a attenté hors du territoire de l'empire, à la vie d'un autre Français, il est évident qu'il a blessé les lois de son pays. Les dispositions de ces articles sont justes et certainement très morales. » Il faut donc considérer les deux hypothèses où la répression est autorisée comme faisant exception au principe posé.

A cette constatation viennent s'ajouter d'autres arguments. Si le législateur de 1804 avait entendu adopter la théorie de la personnalité, pourquoi l'avoir renfermée dans des limites aussi étroites ; il suffisait de se borner à reproduire le texte de brumaire, sans faire dépendre la poursuite de la nationalité de la victime. Cette restriction nous paraît avoir une certaine portée pour l'intelligence de l'ensemble du système. De ce que le crime commis contre un étranger n'était pas puni, il faut, à notre avis, conclure que le principe de la compétence de nos tribunaux à l'égard du Français n'était pas la violation de sa loi nationale, mais bien le fait de s'être attaqué à un autre Français ; le but qu'on avait voulu atteindre n'était pas tant de punir le national coupable que de protéger le national offensé. De plus, si en enfreignant la loi étrangère, le Français devient responsable de ses actes devant la justice de son pays, il est étrange de faire dépendre sa mise en jugement de la plainte de la partie lésée, alors qu'il s'agit d'une infraction aussi grave qu'un crime.

Toutes ces restrictions qui seraient illogiques si l'article 7 avait mis en vigueur la doctrine de la personnalité, s'expliquent à merveille si l'on décide qu'il sanctionne le principe de la territorialité absolue atténué par deux dérogations, au cas où les poursuites sont exceptionnellement permises.

Nous voici fixés sur le caractère assigné à la loi pénale par le Code d'instruction criminelle, voyons à présent, quel était dans ses détails, le système qu'il instituait.

De la lecture même de nos dispositions, il résulte qu'elles ont prévu deux sortes de faits, les infractions dirigées contre l'Etat, les infractions commises contre les particuliers.

1° *Crimes contre l'Etat.* — L'article 5 distingue les infractions d'ordre politique et celles qui visent le crédit de l'Etat.

Parmi les premières il ne réprime que les *crimes* qui constituent un *attentat à la sûreté de l'État*, c'est-à-dire les crimes énumérés au livre III, titre I⁰, chapitre I⁰ du Code pénal à l'exclusion des délits.

Quant aux secondes, il énumère limitativement celles qui feront l'objet d'une poursuite ; ce sont : la contrefaçon du sceau de l'Etat, des monnaies nationales ayant cours, de papiers nationaux, de billets de banque autorisés par la loi.

Le Français qui aura commis hors du territoire un de ces crimes, pourra être poursuivi, jugé et puni en France, d'après les dispositions de la loi française, qu'il soit ou non de retour dans sa patrie.

L'article 6 étend aux étrangers les dispositions précédentes, mais il met à l'exercice de la poursuite une condition ; c'est que le coupable soit arrêté en France ou que le gouvernement obtienne son extradition. Il faut, en outre, remarquer la rédaction de notre texte : « Cette disposition *pourra* être étendue aux étrangers qui...... *seraient* arrêtés en France. » L'emploi d'une formule doublement facultative semble prouver, de la part du Corps Législatif, la préoccupation de recommander au ministère public une grande réserve à l'égard des étrangers. Cette prudence est surtout justifiée en matière de faits politiques, où l'application de notre loi aurait pu amener des complications diplomatiques.

2° *Infractions contre les particuliers.* — La compétence extraterritoriale est ici très limitée. L'infraction commise par un Français contre un Français est seule punissable. Encore faut-il la réunion des quatre conditions suivantes :

1° Que le fait constitue un crime ;

2° Que le coupable soit de retour en France ;

3° Que le Français lésé porte plainte ;

4° Que le coupable n'ait pas été déjà poursuivi et jugé à l'étranger.

Quelques auteurs ont prétendu que l'article 7 autorise la poursuite non seulement des faits qualifiés crimes, mais encore des simples délits (1). Ils argumentaient de l'article 24 du Code d'instruction criminelle, lequel porte que : *Ces fonctions (de procureur), lorsqu'il s'agira de crimes ou de délits commis hors du territoire français dans les cas énoncés aux articles 5, 6 et 7, seront remplies par le Procureur du lieu où résidera le prévenu ou par celui du lieu où il pourra être trouvé ou par celui de sa dernière résidence.*

Ils ajoutaient que l'intérêt public réclame la poursuite du délit aussi bien que celle du crime.

Cette interprétation, qui à première vue peut paraître fondée, n'est pas soutenable en présence des travaux préparatoires. Le mot délit qui se trouvait dans le projet de l'article 7 tel qu'il fut adopté au Conseil d'Etat, y fut effacé par Treilhard et Carnot chargés d'une nouvelle rédaction, celle même qui fut votée par le Corps Législatif. Si l'article 24 parle de délits, c'est que cette expression y a été laissée par inadvertance. D'ailleurs cette disposition, toute de procédure, ne saurait fournir

____

(1) Legraverend, *Législ. crim.*, I, p. 98 ; Bourguignon, *Jurisp. des Codes crim.*, I, p. 70 ; Cour de Lyon, 23 février 1819 ; Cour de Colmar, 23 août 1820 ; Cour de Paris, 17 juillet 1839.

un argument contre les termes mêmes de l'article 7 qui règle le fond du droit (1).

Le Code d'instruction criminelle n'autorise pas la poursuite de l'étranger pour infraction contre un particulier. De ce côté rien n'était changé au système du Code de brumaire an IV.

(1) *Sic :* Mangin, *De l'action publique et civile*, I, 89, n° 69 ; Le Sellyer, *De la compétence et de l'organisation des trib.*, II, p. 549, n° 983 ; Cass., 26 septembre 1839 ; Douai, 18 mai 1837.

SECTION IV

PROJETS DE RÉFORME.

La législation que nous venons d'examiner était insuffisante et ses lacunes présentaient de graves inconvénients.

Seul le crime d'un Français sur la personne d'un Français pouvait donner lieu à une répression en France. Encore fallait-il une plainte de la victime ou de ses héritiers. Pour peu que ces derniers fussent gens cupides, le coupable pouvait acheter leur silence. L'intérêt social se trouvait ainsi sacrifié.

Si la victime était étrangère le crime restait impuni, quels que fussent le trouble et l'indignation causés par la présence du criminel dans son pays natal.

A l'encontre des délits, le ministère public était toujours désarmé.

L'attention du législateur fut bientôt appelée sur ces défauts. Un an après la promulgation du Code d'instruction criminelle, deux Français se rendaient en Italie et y assassinaient un Italien. Ils s'empressèrent après ce forfait de rentrer en France, où la justice dut les laisser jouir d'une impunité scandaleuse. Malgré les réclamations qui lui étaient adressées, le gouvernement français ne pouvait ordonner des poursuites, la loi ne permettant pas au ministère public d'agir.

Ce fait et d'autres du même genre préoccupèrent l'Empereur. Pensant que le seul remède était de livrer le Français coupable, Napoléon rendit le décret du 23 octobre 1811, d'après lequel toute demande d'extradition contre un Français coupable d'un crime commis à l'étranger sur un étranger, sera soumise au chef de l'Etat et tranchée sur le rapport du ministre de la justice. C'était admettre la possibilité de l'extradition des nationaux. S'il ne fut pas complètement lettre morte, ce décret fut peu appliqué, car bientôt on admit la règle qu'on ne livre pas les nationaux et rien n'atténua plus les défectuosités du Code de 1808.

Aucune révision ne fut tentée avant 1842.

Depuis longtemps, une réaction s'était produite dans les ouvrages de divers jurisconsultes ou publicistes, en faveur d'une extension de la compétence extraterritoriale. D'un autre côté, la plupart des Etats européens qui avaient d'abord adopté les dispositions restrictives de nos articles, avaient modifié leur législation sur ce point et se montraient favorables à une répression plus large des délits commis hors du territoire (1).

Aussi, pressé de faire cesser les scandales dont nos frontières étaient trop souvent le théâtre, le gouverne-

---

(1) Belgique, loi de 1836 ; Prusse, Sardaigne, 1839 ; Wurtemberg, Code pénal de 1839 ; Saxe, loi de 1838 ; Italie, Code pénal de 1859 ; Bade, loi de 1845 ; Norwège, Code pénal, 1842.

ment déposa en février 1842, devant la Chambre des députés, un projet portant réforme du Code d'instruction criminelle.

Au milieu d'un certain nombre de textes révisés, se trouvait le nouvel article 7. Il était ainsi conçu : Tout Français qui se sera rendu coupable, hors du territoire, *d'un fait qualifié crime par la loi française*, pourra à son retour en France, y être poursuivi et jugé.

La restriction apportée à la compétence de nos tribunaux, au cas où la victime était étrangère, disparaissait de la nouvelle rédaction.

La Commission de la Chambre fit un pas de plus, elle modifia le projet en ces termes : Tout Français..... *d'un fait qualifié crime ou délit*, etc.

Durant les débats, la poursuite de tous les crimes sans distinction fut admise sans grande difficulté ; mais la répression des délits souleva de graves objections.

Quelques orateurs voulaient restreindre l'action de nos tribunaux correctionnels aux simples faits ruraux et forestiers fréquents dans les pays limitrophes, d'autres, trouvant trop large le texte de la commission, étaient d'avis de ne punir que certains délits déterminés et proposaient une énumération.

La majorité se rallia à un amendement du Garde des Sceaux, autorisant la poursuite de tous les délits commis par un Français contre un Français, mais la limitant, si la personne lésée était étrangère, aux cas prévus par des conventions diplomatiques entre la France et les puissances étrangères.

Cette condition était malheureuse, car elle arrivait à ce résultat choquant, que le délinquant pouvait être ou non mis en jugement, selon que le fait avait été commis dans tel ou tel pays. Ajoutons que la plainte de la partie lésée n'était jamais exigée pour permettre au parquet d'agir. Le projet abandonnait sur ce point aussi le système du Code de 1808.

La justice française s'inclinait devant un jugement définitif rendu sur le fait incriminé par la juridiction étrangère ; la commission avait exigé que la sentence fût suivie d'exécution, mais son avis ne prévalut pas.

Le 15 mai suivant, le projet fut porté devant la Chambre des Pairs qui, après de vives discussions, vota le texte que nous venons d'analyser.

Cette réforme sombra dans l'ensemble du projet qui fut rejeté.

En 1845, nouvelle proposition émanant cette fois de l'initiative parlementaire. La Commission nommée par la Chambre des députés, concluait encore à la nécessité de punir les infractions graves, crimes ou délits, mais elle soumettait la répression des uns et des autres, à la réciprocité diplomatique. On voyait dans cette condition, un moyen de faciliter l'instruction, en assurant à la justice française le concours des autorités étrangères.

Le projet fut soumis à l'approbation des Facultés de droit, de la Cour de cassation et des Cours d'appel. L'enquête durait encore, lorsque les événements politiques bien connus qui se succédèrent à cette époque, vinrent détourner l'attention du législateur et ajourner la solution.

Le 15 mai 1852, la réforme fut reprise. Une proposition fut déposée et discutée au Corps législatif qui la vota le 4 juin.

En matière d'infractions commises par un Français, les dispositions de 1842 subsistaient dans leurs grandes lignes, elles étaient seulement un peu étendues. Tous les crimes et les délits prévus par notre Code pénal étaient atteints en principe. Pourtant le prévenu pouvait prouver que le fait ne constituait ni crime ni délit dans le pays où il avait été commis.

L'innovation la plus intéressante et la plus grave du projet était l'extension du principe de la compétence extraterritoriale à des faits de droit commun dont les auteurs étaient étrangers. Tout crime commis par un étranger, contre un Français pouvait être, en France, l'objet d'une poursuite, pourvu que le coupable vînt sur notre territoire (art. 6).

Ce texte éveilla les susceptibilités de l'Angleterre qui s'émut à la pensée que la nouvelle loi pouvait donner « au Gouvernement Français le droit de revendiquer la punition d'un criminel même non français, en quelque lieu que l'infraction ait été commise » (1).

On s'exagérait, de l'autre côté du détroit, la portée de l'article 6; le criminel n'était en aucune façon soustrait

(1) Discours de lord Malmesbury à la Chambre des Lords, 14 juin 1852.

à ses juges naturels puisque le dernier paragraphe ajoutait : « Toutes poursuites cessent contre l'étranger dont l'extradition est demandée et obtenue. »

Quoi qu'il en soit, par crainte de difficultés internationales, le gouvernement retira le projet qui ne fut pas soumis au Sénat.

La réforme de notre Code d'instruction criminelle sur cette question ne devait aboutir qu'en 1866.

Si les débats, dont les trois propositions de loi avaient été l'objet devant les Chambres, n'avaient pas amené de solution pratique, du moins avaient-ils eu pour résultat de dégager et de préciser nettement les divers systèmes dont s'étaient inspirés, tant nos précédents Codes que les législations étrangères plus récentes.

C'est l'examen de ces différentes théories qu'il nous faut maintenant aborder, afin de choisir parmi elles, celle qui nous semblera résoudre de la façon la plus rationnelle le problème que nous nous sommes posé.

DEUXIÈME PARTIE

THÉORIE

———

SECTION I

DES DIFFÉRENTS SYSTÈMES
RELATIFS A L'EXTENSION DE LA LOI PÉNALE D'UN ÉTAT
AUX FAITS COMMIS HORS DU TERRITOIRE.

Une catégorie de faits doit être mise en dehors de la discussion des théories que nous allons exposer. Ce sont les attentats contre la sûreté et le crédit de l'Etat dont nous étudions le droit de répression.

Bien que commis à l'étranger, ils atteignent directement la souveraineté contre laquelle ils sont dirigés. En poursuivant leur auteur, national ou étranger, l'Etat lésé ne fait que veiller à sa propre conservation, qu'user du droit de légitime défense. C'est à lui d'agir, car il serait dangereux, surtout en ce qui concerne la première catégorie de ces infractions, de laisser ce soin aux autorités du pays où elles ont été consommées. On pourrait craindre que cette puissance ne fût désarmée, ne restât indifférente ou tout au moins ne mît pas à la poursuite du coupable et à sa punition tout le zèle et toute la sévérité désirables (1). Ce danger serait moins à redouter, il est vrai, à l'égard des attentats qui visent le crédit de l'Etat, car le pays sur le sol duquel ils ont eu lieu sera souvent intéressé à la répression, les falsificateurs pouvant écouler le produit de leur crime, autant sur son territoire que sur celui de l'Etat lésé (2). Malgré tout, ce dernier n'en doit pas moins être le principal juge.

(1) Un gouvernement n'a pas, en principe, à réprimer un attentat politique dirigé contre un autre gouvernement. Il peut se faire pourtant qu'un de ces faits soit puni par sa loi pénale. En France, par exemple, l'offense aux souverains ou agents diplomatiques étrangers est prévue par les articles 36 et 37 de la loi du 29 juillet 1881 sur la presse. Un Français qui commettrait ce délit hors du territoire pourrait être poursuivi en vertu de l'article 5 du Code d'instruction criminelle.

Les articles 84 et 85 du Code pénal combinés avec l'article 5 du Code d'instruction criminelle permettraient aussi d'atteindre le Français qui, par des actions hostiles consommées à l'étranger contre un État étranger, exposerait la France à une déclaration de guerre ou d'autres Français à des représailles de la part de la souveraineté lésée.

Le Code de l'Empire d'Allemagne réprime les actes agressifs commis au préjudice d'une puissance amie, mais les poursuites sont subordonnées à deux conditions ; la première c'est que dans l'autre État, la réciprocité soit garantie par des traités internationaux rendus publics ou par les lois, la seconde est celle de la plainte préalable du gouvernement étranger (§ 102) laquelle devrait être faite dans les trois mois à compter du jour où il a eu connaissance du fait ou en a connu l'auteur (§ 61). La peine appliquée est moins sévère que celle qu'édicte le Code pour le même fait lorsqu'il vise l'État allemand (Cf. Fiore, *Droit pénal intern.*, I, 149 à la note).

(2) La loi belge de 1878 va plus loin. Elle autorise même la répression des crimes et délits qui ont pour objet la falsification de « monnaies n'ayant pas cours légal en Belgique, des effets, papiers, sceaux, timbres, marques ou poinçons *d'un pays étranger* ».

Des dispositions analogues sont consacrées par le Code allemand de 1870. Art. 4, nᵒˢ 1 et 2 et le Code pénal italien, art. 272.

Aussi la plupart des auteurs, ceux-là mêmes qui restreignent le plus énergiquement la juridiction extraterritoriale, accordent-ils dans ce cas, à la souveraineté visée, une compétence quasi-territoriale (1).

Ainsi, quelle que soit la nationalité de l'auteur, le droit de répression est théoriquement le même; il prend naissance dès l'accomplissement de l'infraction, même si l'acte n'a pas produit effet dans le pays offensé, que le coupable soit ou non resté à l'étranger.

Toutes les législations en vigueur ont adopté des textes conçus dans cet esprit. Semblables quant au fond, ils ne présentent guère que des différences de rédaction. Aussi nous bornons-nous à constater le principe, sans entrer, sur cette matière, dans de plus amples développements.

Revenons à notre théorie générale, en dehors des infractions qui visent la sûreté et le crédit de l'Etat.

Un premier système, celui de l'universalité de la loi pénale, attribue au pouvoir répressif d'une puissance quelconque une portée illimitée. Tout pays qui a un délinquant à sa disposition, peut et doit le punir.

Cette doctrine est la conséquence de l'opinion qui donne pour base au droit de punir la justice absolue.

---

(1) Certains jurisconsultes contestent cependant la légitimité de cette compétence. Westlake, professeur à Cambridge, n'admet le droit de punir de l'État directement menacé que si le coupable est un national.

D'autres ne permettent dans le même cas la poursuite de l'Etranger que lorsqu'il s'agit de faits prévus dans des conventions diplomatiques et sous condition de réciprocité.

Puisque tout acte odieux conserve partout son caractère criminel et mérite partout un châtiment, peu importe quelle autorité judiciaire constituée sera chargée d'en faire l'application ; toutes les nations sont associées dans l'œuvre de répression, toutes sont déléguées au même titre de l'éternelle justice.

Le lieu de l'arrestation du coupable déterminera donc la compétence de tel et tel pays, qui jugera au nom d'un principe supérieur aux nationalités, au nom de l'humanité.

Aussi, et par pure conséquence, ne peut-il être dans ce système question d'extradition ; cette mesure devient en effet inutile, si chacun peut poursuivre et châtier d'après ses propres lois un criminel, quels que soient son pays d'origine, son crime et l'endroit où il a été consommé.

La certitude de la répression qui résulterait de cette théorie a séduit plusieurs esprits éminents.

Elle a été ardemment défendue par Pinheiro Ferreira : « Les lois pénales, dit-il, ne punissent pas le coupable parce qu'il a flétri tel ou tel pays de son crime, mais parce qu'en le commettant, il a porté atteinte dans la personne de sa victime à l'humanité tout entière : il est donc justiciable de tous les tribunaux et partout le ministère public doit se faire un devoir de le traduire par devant le pouvoir judiciaire du pays dont il a insulté les lois et les magistrats, en se flattant que par l'impunité qu'ils lui accorderaient, ils deviendraient les complices de son crime (1). »

Un autre criminaliste italien, M. Fusinato, en vante ainsi les avantages : « Cette théorie est assurément séduisante, elle part de cette idée élevée d'une solidarité juridique et morale existant entre les nations ; elle voit dans le crime commis non pas une infraction à la loi positive de tel ou tel Etat, mais la violation d'une des conditions fondamentales et communes de l'existence politique des sociétés, violation qui, quels que soient le lieu où elle a été commise et l'objet qu'elle a eu, quelle que soit la nationalité de l'auteur, est une offense et une menace pour tous les Etats civilisés (2). »

Une telle conception est sans doute généreuse, mais ne se ressent-elle pas trop de son origine purement spéculative et sur le terrain de la pratique allons-nous y trouver la solution que nous cherchons?

On ne saurait considérer le pouvoir social comme vengeur de la morale universelle ; son rôle, plus relatif, est d'assurer le respect du droit et le maintien de l'ordre tels qu'ils sont entendus l'un et l'autre dans le pays où il exerce son autorité. Pour qu'il y ait infraction à un principe et partant lieu à une répression, il faudrait que ce principe existât partout et fût partout constant, il

(1) *Droit des gens*, t. II, p. 31.
(2) Des délits commis à l'étranger d'après le nouveau Code pénal italien, *J. du Dr. int. privé*, 1892, p. 58 ; cf. Bernard, *Revue critique*, t. XX, p. 368.

faudrait que d'un pôle à l'autre, sous toutes les latitudes, les peuples fussent régis par les mêmes lois. Or, s'il est vrai que la règle du bien et du mal est au fond de toutes les législations, que la conscience humaine réprouve partout certains actes, il existe dans l'appréciation des caractères constitutifs du délit, de sa gravité, dans la détermination de la pénalité, de grandes divergences selon les pays et selon les époques.

La religion, le climat, les mœurs, le degré de civilisation expliquent ces différences.

C'est ainsi que la bigamie, crime en France, délit en Angleterre, est considérée comme un devoir en Orient ; l'infanticide, également crime d'après notre Code, constitue en Chine un pieux usage.

Nous pourrions multiplier ces exemples. Qu'il nous suffise d'en conclure que certaines infractions peuvent ne pas être prévues par une législation alors qu'une autre les punit, ou qu'étant également prévues, elles peuvent ne pas offrir partout le même degré de perversité.

Pour que la doctrine de l'universalité du droit de punir pût sortir du domaine de l'utopie, il faudrait qu'il existât un Code pénal international sanctionné par toutes les Puissances.

En fût-il même ainsi, une grave objection s'opposerait encore à l'application de ce système.

L'idée d'un syndicat des Etats civilisés tendant à réprimer la criminalité est en soi excellente, mais si elle peut justifier l'assistance que les nations se devront prêter en fait, chaque jour dans une plus large mesure, elle n'est pas suffisante pour reconnaître aux tribunaux de tous les pays une juridiction sur tous les délits, en quelque lieu qu'ils aient été commis, et le pouvoir de faire aux délinquants l'application de leurs propres lois.

De quel droit un Etat jugerait-il un individu qui a agi à des centaines de lieues peut-être de ses frontières, dans un milieu différent, sous l'empire d'une législation autrement conçue, de quel droit lui appliquerait-il des lois dont il n'est justiciable, ni à raison du lieu où s'est passé le fait, ni à raison de sa nationalité !

L'exagération de cette théorie et les défauts qui la rendent inapplicable, ses partisans les ont si bien sentis, qu'ils ont essayé d'y remédier en s'efforçant de l'adapter autant que possible à la réalité des choses.

M. Carrara se défend de demander à un pouvoir social la répression d'une infraction à une loi purement morale. « Ce qui domine, dit-il, ce qui est nécessaire, c'est que le fait soit mis au nombre des délits dans le lieu où il s'est produit. Ce qui a de l'importance, ce qui est de l'exercice des choses, c'est qu'un délit ne puisse jamais être puni avec une sévérité plus grande que celle qui devait l'atteindre d'après la loi du lieu où il a été commis. »

Ce souhait est réalisable, mais à l'inverse que décider lorsque la peine à infliger sera beaucoup plus douce à l'endroit de la capture que dans le pays où a été consommé le délit.

Admettons même que, sous le rapport de la pénalité, la position de l'accusé puisse être partout la même, il faut bien reconnaître qu'elle pourra être très différente à l'égard du mode de jugement.

Un malfaiteur est-il jugé en Angleterre, son affaire est instruite dans toutes ses phases avec publicité ; il comparaît devant un jury d'accusation et un jury de jugement (1).

S'il est arrêté en Espagne l'instruction aura lieu suivant une procédure très différente, il ne comparaîtra pas devant un jury, car cette institution, après avoir été établie n'a pu se maintenir (2).

On voit qu'il y aura un grand avantage pour un inculpé à être jugé dans une nation où il rencontrera des garanties qu'il ne trouverait pas dans une autre.

Il sera donc toujours possible que le prévenu soit, en fait, traité d'une façon plus rigoureuse au lieu de l'ar-

---

(1) Avant 1870, l'étranger pouvait même réclamer un jury *de medietale linguæ* composé moitié d'anglais, moitié de ses compatriotes. Un act du 12 mai 1870 sur la condition légale des étrangers et des sujets britanniques, est venu abolir ces jurys (chap. 44, art. 5).

(2) La loi provisoire de procédure criminelle (*Ley provisional de Enjuiciamiento criminal*), promulguée le 22 décembre 1872, établit le jury en matière criminelle (art. 567, 658 et suiv.), mais cette institution n'a pu fonctionner depuis. Un décret du 3 janvier 1875, rendu sous la régence dont M. Canovas del Castillo avait la présidence, suspend l'exécution de la loi de 1872 en ce qui concerne le jugement avec les jurés et le débat oral public (Molinier, *op. cit.*, 2ᵉ part., p. 16 à la note).

restation que dans le pays du fait, ce qui est contraire au vœu même des défenseurs du système.

Cette objection ne serait pas décisive et le résultat cesserait d'être injuste, si l'Etat qui prétend à un droit de juridiction pouvait justifier sa compétence. Il ne suffit pas pour cela de dire avec Pinheiro Ferreira (1), que le fait d'être venu sur un territoire, plutôt que sur un autre, indique de la part du délinquant, la volonté de se soumettre à la loi locale et de courir la chance qu'elle soit plus ou moins sévère que celle du lieu où il a délinqué. Un intérêt est nécessaire pour légitimer la répression et cet intérêt n'existerait qu'au cas où notre Etat n'interviendrait qu'après avoir tenté de restituer le coupable au pays dont l'ordre juridique a été plus directement troublé, dans le but louable d'éviter l'impunité.

Telles sont les considérations qui s'opposent à reconnaître en bloc la légitimité du système que nous avons exposé.

Pour résumer en quelques mots nos critiques, disons que la doctrine de l'universalité de la loi pénale ne peut être raisonnable qu'à la condition de subir deux restrictions.

La première est d'en limiter l'application aux faits graves. La seconde de tenir compte de la hiérarchie compétente pour appliquer la peine.

(1) *Principes de droit public*, t. II, p. 579.

Ainsi conçue, nous verrons que cette théorie a inspiré certaines dispositions récentes, l'article 40 du Code pénal autrichien de 1852, l'article 6 du Code pénal italien de 1889, le paragraphe 2 de l'article 5 de l'avant-projet de Code pénal fédéral suisse de 1896 et le paragraphe 4 de l'article 12 du projet de Code pénal norwégien de 1895.

En opposition directe avec celui que nous venons d'examiner, un second système restreint le droit de juridiction d'un Etat à ses frontières.

La loi est un commandement, or à l'étranger elle n'a aucun droit de commander. Là où s'arrête la souveraineté d'un Etat, là expire sa puissance pénale.

Voici les arguments que ses partisans apportent à l'appui de cette opinion.

Le juge naturel d'une infraction est celui du lieu où elle a été commise, c'est là que doit être infligée la peine, car c'est là que l'ordre social a été troublé. C'est ce qu'exprime Beccaria lorsqu'il écrit : « Le lieu de la peine est le lieu du délit, parce que c'est là seulement, et non ailleurs, que les hommes sont contraints de léser un particulier pour prévenir une atteinte à l'ordre public. » Le juge du lieu est le seul dont la justice puisse être prompte et éclairée. Il lui est facile en effet de faire l'instruction approfondie de l'affaire, d'entendre les témoins, de les confronter, de réunir les preuves et d'apprécier le dommage causé.

Le juge étranger au contraire n'aura pour éclairer sa religion que des dépositions écrites, peut-être dénaturées, en tous cas faites dans une langue étrangère.

A ces raisons, les défenseurs du principe de la territorialité absolue en ajoutent une autre. Jules Favre en 1866 l'exprimait ainsi : « Prétendre prolonger le pouvoir d'une loi pénale sur le territoire où règne une autre loi, disait-il, c'est empiéter sur le domaine d'une souveraineté étrangère, c'est usurper ses pouvoirs. »

Ces objections ne nous paraissent pas avoir la portée que leur prêtent leurs auteurs.

Certes, nous ne saurions nier que la juridiction du lieu où a été commis le délit, soit la plus naturelle et par conséquent la principale, aussi concédons-nous qu'elle doit être la première à statuer ; mais elle ne saurait à notre avis être la seule. Il est possible qu'elle ne soit plus en état d'agir ; le délinquant a pu s'enfuir et échapper à l'expiation en se réfugiant dans sa patrie ou dans un autre Etat voisin. Par sa présence, l'ordre est troublé dans le pays de refuge comme il l'avait été dans le pays du délit, car ce n'est pas seulement le spectacle d'une infraction qui est démoralisateur, mais aussi la vue des avantages qu'on en peut impunément tirer. Laissera-t-on le coupable jouir d'une tranquillité scandaleuse, menace pour toutes les honnêtes gens qui s'attendent à chaque instant à le voir continuer le cours de ses méfaits ?

Les partisans de la territorialité pensent éviter cette
conséquence de leur doctrine, en admettant l'extradition dans une très large mesure. « On doit livrer même
les nationaux », disait Jules Favre. C'est là une conces-
sion toute théorique comme nous le verrons plus loin,
en parlant d'une législation qui a consacré ce système.
Mais quand bien même il en serait autrement, ne peut-
il pas se faire que, pour des raisons spéciales, l'extradition ne puisse avoir lieu. Ce serait alors pour le coupable l'impunité assurée.

On oppose la difficulté de rassembler les preuves nécessaires. Cet argument ne nous paraît rien moins que
décisif. L'instruction pourra toujours être sérieuse ; les
Etats se prêtant un appui chaque jour plus effectif, nul
doute que la justice puisse être suffisamment éclairée.
Il est du reste bien entendu, qu'on doit atteindre seulement les infractions dont la gravité est assez grande
pour justifier la dépense de temps, les frais et les mesures d'assistance que nécessite leur répression.

Cette poursuite ne constituera en aucune façon une
atteinte à la souveraineté de la nation où le délit a été
consommé.

Il n'est pas question pour l'Etat qui punit, d'exercer
son autorité en dehors de ses limites, ni de prendre
au delà des frontières des mesures d'exécution. L'Etat
se borne à saisir sur son territoire, le prévenu qui s'y
est réfugié. C'est dans sa présence qu'il puise le droit de
le frapper. Il ne s'adresse pas au gouvernement étran-

ger comme souverain, mais par voie de commission rogatoire, par simple invitation à ses magistrats. « Il ne s'agit pas, dit M. Faustin-Hélie (1), de substituer les juges d'un pays aux juges d'un autre pays ; il ne s'agit pas de dépouiller les juges étrangers ; non seulement ceux-ci conservent leur juridiction, mais ils l'exercent même exclusivement s'ils parviennent à saisir l'agent. Il s'agit simplement d'étendre la juridiction originaire à un cas où l'autre est sans action, au cas où l'agent s'est dérobé aux poursuites de celle-ci et s'est réfugié dans son propre pays. »

Les raisons que les partisans du système restrictif que nous venons d'examiner opposent à l'extension de la juridiction pénale aux faits commis à l'étranger, ne nous paraissent donc pas fondées. Leur opinion ne nous semble pas en harmonie avec les nécessités de la lutte contre la criminalité. L'admettre serait faire un pas en arrière et vouloir retourner à un état de choses désormais impossible.

La plupart des législations modernes nous ont donné raison en abandonnant ce principe vieilli. Seuls les Etats-Unis et l'Angleterre lui sont restés fidèles, mais nous allons voir les restrictions que cette dernière a dû y apporter.

D'une façon générale, la loi anglaise ne permet pas de poursuivre, en Angleterre, un sujet britannique qui s'est

(1) *Traité de l'inst. crim.*, II, ch. XI.

rendu coupable d'un délit ou d'un crime en pays étranger.

Cette règle trouve son explication dans l'histoire de la procédure criminelle anglaise (1).

Les jurés étaient originairement des témoins représentants du comté et de chaque commune, qui venaient faire leur rapport aux justices du roi, sur ce qui s'était passé dans leur voisinage. Dans la suite ils se divisèrent en deux institutions, le grand jury ou jury d'accusation et le petit jury ou jury de jugement. Les grands jurys étaient censés savoir ce qui avait eu lieu dans leur propre comté et pas autre chose ; ainsi, ils ne savaient rien d'un crime commis dans un autre comté ou à l'étranger. Ce principe était observé d'une façon si stricte que, lorsqu'un individu en frappait un autre dans un comté et que le blessé allait mourir dans un autre comté, le criminel échappait à la répression. Un acte du parlement remédiait à cette situation en 1549. Ce fut la première des exceptions qui vinrent successivement atténuer la rigueur du vieux principe.

Voici les principales de ces dérogations dans le droit actuel.

Sont punissables en Angleterre, sans égard au lieu de perpétration, s'ils sont commis par des sujets britan-

____

(1) Nous empruntons les détails que nous allons donner sur la législation anglaise, à un article de M. J. F. Stephen, l'un des juges de la Haute Cour de justice d'Angleterre, *Journal du droit int. pr.*, 1887, p. 129.

niques et par conséquent aussi par un citoyen d'une colonie anglaise, les délits suivants.

Haute trahison, meurtre ou tentative de meurtre du roi, de la reine ou du prince héritier, la bigamie, le faux, certains actes préparatoires à l'usage illicite des matières explosibles, les crimes de murder ou de manslaughter (ces expressions comprennent tous les crimes et délits qui occasionnent la mort avec ou sans intention de la donner), tous les crimes commis par un sujet anglais sur un navire anglais ou sur un navire étranger, de l'équipage duquel il ne fait pas partie (1); enfin toutes les infractions contre les personnes et la propriété, commises à bord d'un navire anglais par le patron ou un homme d'équipage, pendant la durée de l'engagement ou au plus tard dans les trois mois depuis la cessation de l'engagement (2). Mais dans ces derniers cas, il n'y a qu'une exception apparente, car on peut considérer que les navires forment une portion du territoire du pays dont ils portent le pavillon.

Pour parer autant que possible aux fâcheux résultats de son incompétence en matière d'infractions extraterritoriales, l'Angleterre admet encore que, si le crime se compose de plusieurs actions ou événements, la poursuite est possible quand une de ces actions s'est passée sur le territoire britannique, n'y fût-elle pas répréhensible en elle-même. C'est ainsi qu'au cas de vol commis

(1) Merchant shipping act, 1867.
(2) Merchant shipping act, 1154, § 267.

à l'étranger par un Anglais, le délit est censé se continuer en Angleterre lorsque le coupable rentre sur le territoire britannique, nanti de la chose volée. Ce curieux
expédient juridique permet d'atteindre le malfaiteur.

En dehors de ces hypothèses particulières, la règle
générale subsiste. La raison en est que tout prévenu
doit être accusé par le grand jury de quelque comté anglais et qu'un grand jury ne peut, sans y être autorisé
par un acte du parlement, connaître d'un crime commis
hors de son comté.

Comme palliatif à cette lacune de sa législation, l'Angleterre permet en principe l'extradition de ses nationaux. Cette mesure est réglée par un acte du Parlement
de 1870 qui autorise la reine à faire les traités et ne défend pas de livrer les Anglais. En fait cependant, la plupart des conventions portent que les parties contractantes ne pourront demander l'extradition des sujets de la
puissance requise (1).

Un troisième système se présente comme un terme
moyen entre les deux doctrines extrêmes que nous venons d'examiner. Il décide que la poursuite des délits
extraterritoriaux n'est pas seulement dans certains cas
une nécessité, mais que cette poursuite se justifie parfaitement en droit.

Ce système n'est pas la négation, mais plutôt le complément du principe de la territorialité. A côté de la

(1) Le traité du 4 juin 1878 avec l'Espagne en admet pourtant la possibilité quant aux sujets britanniques.

compétence territoriale, il faut placer la compétence quasi-territoriale comme on l'a quelquefois appelée.

Telle est la conclusion commune à laquelle aboutissent plusieurs théories. Mais si leurs partisans sont d'accord sur la légitimité de l'application de la loi pénale à certains actes commis à l'extérieur, ils se séparent lorsqu'il s'agit d'expliquer cette extension et d'en déterminer les limites.

Certains argumentent du caractère absolu des dispositions de la loi répressive considérées comme s'attachant plus particulièrement aux nationaux et les suivant partout où ils résident. Un Français, par exemple, quoique résidant hors de France, ne cesse pas d'être français, il n'a pas abdiqué sa qualité, aussi doit-il obéissance et respect, malgré l'éloignement, à la loi de sa patrie. L'observation de ses prescriptions constituerait en quelque sorte une condition tacite de la protection que l'Etat, de son côté, accorde même sur le sol étranger à ses propres citoyens. Il en serait, dans cette opinion, de la loi pénale comme de la loi civile qui règle partout le statut personnel d'un national.

Mais, de la sorte, une même personne va se trouver soumise à deux lois, celle du pays où elle se trouve momentanément puisqu'on admet que la loi pénale régit toute personne qui réside sur le territoire, celle de sa propre nation qui la suivrait en tout lieu. Que décider, si elles édictent des dispositions contradictoires?

Du reste, disons de suite que cette théorie ne peut

nous satisfaire, car elle restreint, selon nous, la répression des infractions extraterritoriales à des limites trop
étroites. Si elle justifie la poursuite du national, elle
exclut le droit de punir l'étranger ; il n'a pu enfreindre
une loi dont les prohibitions n'étaient pas pour lui
obligatoires.

La doctrine de la personnalité n'en a pas moins été
sanctionnée par la plupart des Codes ou projets européens. Code pénal autrichien du 27 mai 1852. Code
pénal de l'Empire d'Allemagne du 1er janvier 1872. Loi
belge du 17 avril 1878. Code pénal hongrois du 28 mai
1878. Code pénal des Pays-Bas du 3 mars 1881. Code
pénal italien de 1889. Projet de Code pénal autrichien
de 1883. Projet de Code pénal norwégien de 1895. Avant-
projet de Code pénal fédéral suisse de 1896.

Deux d'entre ces législations l'ont adoptée dans toute
sa rigueur : le Code pénal allemand et la loi belge. Les
autres en ont fait la base de la compétence extraterritoriale à l'égard de leurs nationaux, mais ils en ont cor-
rigé l'insuffisance, vis-à-vis du délinquant étranger,
soit en faisant appel au système de l'universalité du
droit de punir tempéré par les restrictions que nous
avons indiquées, soit en appliquant dans une certaine
mesure la théorie que nous allons exposer.

Les criminalistes qui la professent estiment que l'empire de la loi pénale doit s'étendre à des faits commis
à l'extérieur du territoire, mais ils pensent qu'il ne faut
pas s'attacher, en cette matière, à la nationalité du cou-

pable, mais considérer seulement le but de son activité.
C'est le principe de la réalité de la peine ou de la protection (1).

Partant de l'idée qu'une nation a le droit de se défendre et le devoir de protéger partout ses sujets contre toutes les attaques dont ils peuvent être l'objet, on conclut à la légitimité de l'application de ses dispositions pénales à toute personne, quelle que soit sa nationalité, quel que soit l'endroit où elle a agi, pourvu que son acte soit dirigé contre cet Etat ou un de ses citoyens. Certains auteurs allemands, Binding, von Rohland, von Listz, vont jusqu'à prétendre que cette protection ne doit pas s'arrêter aux personnes, mais encore s'étendre à l'ensemble des biens qu'elles peuvent posséder à l'étranger.

On trouve la trace de cette doctrine dans quelques monuments législatifs.

Le Code pénal Russe du 15 août 1845, article 117, suivi par le projet de 1883, article 7, § 3, ne poursuit l'étranger pour infraction d'ordre privé qu'au cas où il a attenté aux *droits* d'un sujet russe.

L'avant-projet Suisse, article 5, § 2 et le Code pénal italien, article 6, alinéa 1, sans se montrer aussi exclusifs voient dans l'offense faite à un de leurs nationaux un motif de plus grande sévérité.

Pas plus que la précédente, la théorie de la réalité de la peine ne nous satisfait complètement.

(1) Cf. Fusinato, *Journal du droit intern. privé*, 1892, p.58.

Toutes deux ont le défaut de laisser dans l'ombre un côté de la question. Si la première ne permet pas d'atteindre les délits dont l'auteur est étranger, la seconde ne punit pas ceux dont la victime est étrangère. Leur combinaison même n'autorise pas la poursuite de l'infraction commise par un étranger contre un étranger.

Il est au contraire un système qui a le mérite de donner une solution complète au problème que nous nous sommes posé. Il a été développé par M. Ortolan, dans le rapport qu'il fut chargé de faire au nom de la Faculté de droit de Paris en 1847, lors de l'enquête provoquée par le Ministre de la justice au sujet du projet de réforme des articles 5, 6 et 7 de notre Code d'instruction criminelle (1).

Les conclusions de ce rapport sont la conséquence de la doctrine qui fonde le droit de punir sur la justice morale limitée par l'utilité sociale.

L'idée de bien appelle l'idée de récompense, l'idée de mal appelle l'idée de châtiment. C'est là une indication spontanée de notre conscience. A toute action mauvaise doit donc correspondre une expiation. La peine qui interviendra sera donc juste. Mais il ne saurait s'agir d'une expiation absolue ; celui-ci ne regarde pas la société. Sa mission n'est que relative et incomplète ; elle n'a qualité pour réprimer le mal moral que dans la mesure de son intérêt, c'est-à-dire du danger social qu'il constitue.

(1) *Revue de législation*, 1847, p. 200.

La combinaison de ces deux éléments nous paraît renfermer la pénalité dans ses limites rationnelles.

Appliquons le critérium aux délits commis hors du territoire.

L'auteur du délit est un national. Il y a certainement, dans le cas qui nous occupe, infraction à la loi morale ; de ce que le fait a été commis à l'étranger, son immoralité intrinsèque n'en est pas atténuée. Mais cette considération ne suffirait pas pour légitimer l'intervention de la société.

Y a-t-il utilité à punir? L'intérêt social est moins directement en jeu, sans doute, que si l'acte s'était passé dans les limites des frontières, et si le coupable demeure à l'étranger, on ne voit guère comment l'ordre public pourrait subir le trouble qui nécessite la répression. Dès que le délinquant entre sur le territoire, apparaît aussitôt le danger social que sa présence y fait courir et naît en même temps pour l'Etat la nécessité de punir. Les deux conditions, atteinte au principe de justice et utilité sociale, se trouvent donc réunies pour légitimer ici le droit de punir.

Elles se retrouvent encore au cas où le coupable est étranger.

A son égard le châtiment est moralement juste, il est de plus nécessaire.

Il est moralement juste, bien qu'à aucun titre le coupable n'ait été soumis à la loi du pays de refuge et n'ait pu être présumé la connaître, parce qu'on négligera de punir les infractions purement locales, pour n'atteindre que les infractions graves, prévues dans toutes les législations, parce qu'on recherchera surtout l'élément international du délit.

Il est nécessaire, car le scandale est pareil, qu'il soit causé par l'impunité d'un étranger ou par l'impunité d'un national, car la menace éventuelle est la même pour la société dans les deux cas.

Remarquons pourtant que la compétence de l'Etat de refuge étant secondaire, il n'y aura. à vrai dire, utilité de poursuivre que lorsque l'impunité ne pourra plus être évitée autrement. L'extradition sera préalable ; elle devra d'abord être offerte aux juges du lieu du délit. La juridiction subsidiaire ne statuera qu'en cas de refus ou d'impossibilité du pays plus directement intéressé.

Telle est la doctrine à laquelle nous nous rangeons. Nous en avons, en l'exposant, fait ressortir les avantages. Elle repose sur une base juridique et a le mérite de réduire, autant qu'il est possible, les cas où le délinquant échappera au châtiment qu'il doit encourir.

Ce sont donc deux raisons décisives pour l'adopter.

Il ne suffit pas de justifier le principe, il faut aussi en régler l'application. Ce sera l'objet des chapitres qui vont suivre, dans lesquels nous déterminerons successivement : Les faits punissables, La loi applicable, Les conditions de la poursuite.

SECTION II

DÉTERMINATION DES FAITS PUNISSABLES

I. — L'inculpé est un national.

Quel que soit le système extensif de la juridiction pénale qu'on adopte, l'accord se fait en général, pour décider que les nationaux ne doivent pas rendre compte de tous les actes dont il leur aurait fallu répondre, s'ils n'avaient pas quitté leur patrie.

Si l'on fonde la compétence extraterritoriale sur l'idée que la loi pénale suit le national en pays étranger, ne convient-il pas d'apporter une atténuation à la rigueur du principe, en considération de l'influence qu'a pu avoir sur la détermination du coupable la loi du pays où il a délinqué.

Si on justifie, comme nous, les poursuites par la raison que l'intérêt social exige le châtiment, il est nécessaire que le fait susceptible d'être poursuivi présente une certaine gravité et soit vraiment de nature à troubler la sécurité publique, sans quoi, l'utilité disparaissant, le droit de répression s'évanouit.

Seules, deux législations commandent aux nationaux de s'abstenir à l'étranger de tous les faits qui leur sont défendus dans leur patrie. Ce sont le Projet de Code pénal autrichien de 1874 § 4-2 et le Projet russe de 1883,

qui incriminent tous les crimes ou délits sans distinction. En ce qui concerne le premier, la Commission a
estimé que cette rigueur était rendue nécessaire par la
proximité des peuples d'Orient dont les lois diffèrent
essentiellement de celles du reste de l'Europe. On n'a
pas voulu qu'un sujet autrichien puisse, en passant la
frontière, s'affranchir de sa loi nationale et commettre
impunément un acte qu'elle défend (1).

En général, il n'en faudra pas moins tracer une ligne
de démarcation équitable entre les infractions qui ne
peuvent être poursuivies que sur le territoire et celles
qu'il faut atteindre même au delà. En principe, il ne
conviendra pas de s'attacher à la nationalité de la victime, mais d'envisager la gravité intrinsèque du délit (2).

D'un côté, l'acte peut présenter un tel caractère de
criminalité qu'il réprouve partout à la conscience publique et que la présence de son auteur soit pour le
pays de refuge une cause d'inquiétude. Nul doute qu'en
pareil cas la répression soit nécessaire.

D'un autre côté, on se trouvera en face de faits dont
l'élément délictueux résultera non plus d'une infraction
à la loi morale, mais seulement de la transgression d'un

(1) Renault, Etude sur quelques lois récentes relatives à la répression des faits délictueux commis hors du territoire. *Bull. de la Soc. de
lég. comp.*, p. 392.

(2) C'est la solution de tous les Codes en vigueur. Il n'en a pas toujours été de même dans les monuments législatifs antérieurs. On se
souvient que le Code de 1808 ne déclarait justiciable de nos tribunaux
que le crime commis contre un Français. Le Code pénal des Pays-Bas
de 1838 et la loi Belge de 1836 avaient consacré les mêmes dispositions.

commandement positif et local. La culpabilité de l'auteur n'existera vraiment, dans ce cas, que sur le territoire dont il aura violé la loi. La frontière franchie, son action ne pourra plus être considérée comme répréhensible. Cela est vrai de certains délits politiques et de presse. On ne comprendrait pas leur poursuite lorsqu'ils ont été commis à l'étranger.

Entre ces deux classes d'actes que nous venons d'opposer, se trouve une catégorie de délits dont la gravité est variable. Comment déterminer ceux qui appelleront la répression ?

Le parti le plus logique à prendre est d'énumérer les faits qui seront punis. Le nombre en devant être restreint, la mise en pratique de cette idée serait facile.

C'est le système qu'a adopté le projet de Code norwégien.

Art. 12. — Les dispositions du Code pénal norwégien sont applicables aux faits commis...

En pays étranger, par des nationaux ou des individus domiciliés en Norwège, quand l'acte constitue : suit une énumération des infractions les plus importantes, homicide, coups et blessures les plus graves, attentats aux mœurs, diffamation, délits contre la famille, escroquerie ; certains délits de la propriété, le recel, etc.

Ce procédé est reproduit, sous une autre forme, dans l'avant-projet de Code pénal suisse.

Art. 5. — Sera puni d'après les dispositions du présent Code :

Tout Suisse qui aura commis à l'étranger, un délit donnant lieu à extradition d'après la loi suisse.

C'est donc dans cette loi qu'il faudra chercher quelles infractions seront punissables.

Même solution, mais d'une application plus restreinte, dans la loi Belge.

ART. 8. — Lorsqu'un belge aura commis hors du territoire, contre un étranger, un crime ou délit prévu par la loi d'extradition.. ...

Le législateur belge s'est inspiré de cette idée que la juridiction extraterritoriale ne fait que suppléer à l'extradition rendue impossible par le principe qu'un Etat ne livre pas ses nationaux. En conséquence, il poursuit un national qui s'est rendu coupable au dehors, d'une infraction jugée assez grave, pour rendre l'étranger qui l'aurait commise dans son pays, indigne de jouir de l'hospitalité de la Belgique.

C'est là un système assurément commode et logique, pour servir de base à la juridiction extraterritoriale.

On peut encore subordonner la poursuite à la condition que le délit soit prévu à la fois par la loi nationale et par la loi étrangère. Si les deux législateurs se sont rencontrés pour punir le même fait, il est présumable qu'il y a un intérêt sérieux à le réprimer. On tient en outre ainsi compte à l'inculpé, du milieu où il a commis sa faute. Voici les avantages. Passons aux critiques que soulève cette dualité d'incrimination.

N'a-t-elle pas pour conséquence d'amoindrir la sou-

veraineté qui l'édicte, en subordonnant sa décision à
la décision du législateur étranger. Une nation ne tient
que d'elle seule son droit de punir, c'est à elle qu'il appartient d'en fixer les limites, on ne conçoit guère
pourquoi l'action légitime de ses tribunaux serait suspendue, parce que telle infraction n'est pas poursuivie
par la justice étrangère.

En second lieu, elle a pour résultat d'amener à considérer tantôt comme coupable, tantôt comme innocent,
selon le lieu où il a été commis, un fait qui pourra présenter le même degré de criminalité intrinsèque, ce
qui répugne au principe d'égalité qui est l'essence même
du droit pénal.

On peut objecter encore qu'exiger des magistrats
d'une nation, la connaissance de tous les codes étrangers, leur demander d'en pénétrer l'esprit, c'est vouloir l'impossible. L'exercice de la justice sera, de ce
fait, entravé par des difficultés et des incidents sans
nombre.

Malgré ses inconvénients cette méthode est appliquée
dans plusieurs législations.

Notre loi de 1866 l'a adoptée dans une mesure que
nous aurons à déterminer.

Il en est de même du Code pénal de l'empire d'Allemagne.

Après avoir posé en principe que :

ART. 4. — Les crimes et délits commis en pays étranger ne sont, en règle générale, soumis à aucune poursuite.

Le législateur arrive aux exceptions :

Peuvent néanmoins être poursuivis d'après les lois de l'Empire :

§ 3. — Tout Allemand qui s'est rendu coupable en pays étranger d'un acte qualifié crime ou délit par les lois de l'Empire d'Allemagne et *punissable d'après les lois du lieu où il a été commis*.

Le Code des Pays-Bas de 1881 a adopté une disposition analogue.

Un autre procédé permet de résoudre équitablement la difficulté qui nous occupe. C'est de s'attacher à la fixation d'un maximum et d'un minimum de pénalité et de ne punir les délits commis à l'étranger que s'ils rentrent dans ces limites. La Faculté de droit de Paris proposait ce moyen en 1849.

Le Code italien s'en est inspiré dans son article 5.

Art. 5. — Le citoyen qui, en dehors des cas indiqués dans l'article précité (délits contre la sûreté et le crédit de l'Etat), commet en territoire étranger un délit pour lequel la loi pénale italienne édicte une peine restrictive de la liberté personnelle non inférieure à trois années, sera poursuivi au nom de la dite loi, lorsqu'il réside sur le territoire du royaume ; mais la peine sera diminuée d'un sixième et à l'ergastolo (1) est substituée la réclusion pour une durée de 25 à 30 années.

Le trouble causé en Italie par l'acte répréhensible étant moins direct, il a paru logique d'adoucir la peine

(1) Bagne.

qui eût été encourue pour le même fait, s'il avait été commis sur le territoire.

L'article 5 continue : § 2. S'il s'agit de délits pour lesquels est édictée une peine restrictive de la liberté personnelle de moindre durée, on ne procédera que sur la demande de la partie lésée ou à la requête du gouvernement étranger.

La gravité de ces dernières infractions étant moindre, l'autorité italienne ne poursuit que sous ces conditions dont nous aurons plus loin à justifier l'opportunité.

II. — Le délinquant est un étranger.

Dans le système doctrinal que nous avons adopté, la compétence des tribunaux du pays de refuge est légitime à l'égard de l'étranger.

Nous avons ailleurs fait ressortir qu'au contraire, les partisans de la doctrine de la personnalité ne pouvaient arriver à la même conclusion. Pourtant certains d'entre eux, tout en pensant qu'en droit pur, la poursuite de l'étranger ne doit pas être admise, croient que dans certains cas, il faut se départir des règles d'une logique trop mathématique (1). Se fondant sur l'intérêt qu'un Etat aurait à venger l'offense faite à un de ses sujets, ils admettent l'application de sa loi pénale à l'étranger qui viendrait lui demander asile, après s'être attaqué, hors du territoire, à un de ses nationaux.

(1) Cfr. Pougnet (*Rev. crit.*, t. 20, p. 254).

A notre avis, cette extension de la compétence territoriale ne saurait dépendre de la qualité de la personne au préjudice de laquelle a été commis le délit ; c'est par l'application logique des principes qui sont la base du droit de punir qu'il faut la justifier.

Quoi qu'il en soit, il faut noter dans les Codes et les projets récents, une tendance de plus en plus marquée à poursuivre l'étranger auteur d'une infraction extraterritoriale. On a pensé que, pour enrayer les progrès de la criminalité, le droit d'expulsion paraissait être une arme bien insuffisante et quelque peu négative. A une sanction plus effective, on a voulu joindre l'exemplarité du châtiment indispensable dans certains cas pour rassurer la conscience publique.

Il est bien entendu que la répression n'interviendra que si l'extradition de l'inculpé ne peut avoir lieu.

Passons maintenant à l'étude des solutions les plus intéressantes, fournies par les législations européennes sur cette matière.

L'avant-projet de Code pénal suisse punit :

ART. 5, § 2. — Tout Etranger qui aura commis à l'étranger contre un Suisse, un délit donnant lieu à extradition d'après la loi Suisse ou qui se sera rendu coupable à l'étranger du délit de fausse monnaie, de falsification de billets de banque ou valeurs d'émission (art. 142), d'un délit intentionnel commis au moyen d'explosifs (art. 155-157), ou du délit de traite des blanches (art. 118), pourvu qu'il ait été arrêté en Suisse et qu'il ne soit pas extradé.

C'est la consécration du principe de la réalité et de la doctrine de l'universalité de la loi pénale, adaptée aux besoins de la pratique. Ce dernier point résulte nettement des termes de l'exposé des motifs de M. Carl Stoos : « L'application de la peine en Suisse sera d'ailleurs très exceptionnelle, puisque les Etats étrangers réclameront le plus souvent l'extradition du délinquant. Il se peut cependant qu'un Etat étranger ne considère pas la traite des blanches comme un délit donnant lieu à extradition ; il se peut aussi que l'extradition d'un faux monnayeur ne soit pas réclamée parce qu'il n'a pas contrefait des monnaies nationales ; il se peut encore que l'auteur d'une explosion ne puisse pas être livré à cause de la nature politique du délit, enfin le délit pourra avoir été commis sur un territoire n'appartenant à aucun Etat. *Dans tous ces cas l'intérêt commun de tous les Etats exige que le coupable ne reste pas impuni, la Confédération est donc, elle aussi, intéressée à la répression* » (1).

Le projet de Code pénal norwégien ne se préoccupe pas de la nationalité de la victime. Il énumère les délits qui seront poursuivis.

ART. 12. — Le Code pénal norwégien sera applicable aux actes qui sont commis.....

§ 4. — En pays étranger par un étranger, si le fait constitue une des infractions suivantes :

____

(1) Carl Stoos, *Exposé des motifs*, traduit par Gautier, p. 62 et 63.

Incendie, inondation, accident de chemin de fer ou de navire, explosion, empoisonnements qui amènent un danger général (eaux de sources, viandes), délits ayant pour effet de propager une maladie contagieuse, usage d'explosifs, fausse accusation dans les cas les plus graves, falsification de monnaies, faux graves en écritures, certains délits contre les mœurs, spécialement le proxénétisme, l'enlèvement de mineures dans un but de débauche, la bigamie, les délits contre la liberté personnelle, coups et blessures graves, l'homicide, l'infanticide, l'exposition d'enfants, l'abandon de grandes personnes dans une position critique, vol qualifié, brigandage, bris de choses de valeur (1) ou de monuments publics, destruction d'objets servant aux services postaux ou télégraphiques ayant un intérêt général, etc.

La poursuite n'a lieu que si le fait est punissable dans le pays où il a été commis.

Le Code pénal italien admet la répression quelle que soit la nationalité de la victime ; mais les conditions de la poursuite diffèrent dans l'un et l'autre cas.

Art. 6. — L'étranger qui commet sur le territoire étranger, au préjudice de l'Etat ou d'un citoyen, un délit pour lequel la loi italienne édicte une peine restrictive de la liberté non inférieure au minimum d'une année, est puni d'après la même loi, s'il se trouve sur le terri-

____

(1) Valeur supérieure à 13.000 francs.

toire du royaume ; mais la peine est diminuée d'un tiers et l'ergastolo est remplacé par la réclusion qui ne peut être moindre de vingt années. Il ne sera procédé qu'à la requête du ministre de la justice ou sur la poursuite de la partie lésée.

L'Etat italien se déclare donc compétent pour juger dans ce cas le coupable étranger, même au mépris d'une demande d'extradition. C'est aller trop loin et méconnaître le caractère principal de la juridiction du pays où s'est passé le fait.

Arrivons à la seconde hypothèse.

ART. 6..... — Si le délit a été commis au préjudice d'un autre étranger, le coupable, à la requête du ministre de la justice, sera puni d'après les dispositions de la première partie du présent article, pourvu que :

1° Il s'agisse d'un délit puni par une peine restrictive de la liberté personnelle non inférieure au maximum de trois années ;

2° Qu'il n'existe pas de traité d'extradition ou que l'extradition ait été refusée par le gouvernement du lieu théâtre du délit ou par celui de la patrie du coupable.

On ne saurait trop louer cette dernière condition qui est basée sur l'ordre logique et équitable des compétences. Elle permet de mettre les Etats, principaux intéressés, en mesure de statuer et de les suppléer dans leur défaillance.

Nous trouvons une disposition analogue dans le Code pénal hongrois.

ART. 9. — Sera aussi puni, d'après les dispositions du présent Code, l'étranger qui commet à l'étranger, un crime ou un délit non mentionnés au paragraphe 2 de l'article 7 (actes dirigés contre l'Etat), dans le cas où son extradition n'est pas autorisée par les traités ou l'usage en vigueur et si le ministre de la justice donne l'ordre de poursuivre.

La loi n'ayant pas édicté de critérium, c'est à l'administration de la justice de décider s'il y a lieu de mettre en mouvement l'action publique ou si l'expulsion doit suffire (1).

Ajoutons que la poursuite n'est possible que si la loi en vigueur dans le pays où l'infraction a été commise et la loi hongroise s'accordent pour punir le fait (art. 10).

Le projet autrichien de 1874 a mis en pratique les mêmes idées.

Pour terminer cet examen, rapportons une curieuse disposition de la loi belge.

ART. 11. — L'étranger coauteur ou complice d'un crime commis hors du territoire du royaume par un Belge, pourra être poursuivi en Belgique conjointement avec le Belge inculpé ou après la condamnation de celui-ci.

_____

(1) Renault, Etude sur quelques lois récentes relatives à la répression des faits délictueux commis hors du territoire. *Bull. de la Soc. de lég. comp.*, 1880, p. 388.

M. Nypels, rapporteur de la commission extraparlementaire, explique ainsi l'utilité de ce texte.

« L'opinion publique serait froissée à juste titre, si elle voyait le coupable belge expiant son crime dans une maison de force, tandis que le coauteur étranger, peut-être le plus coupable, en serait quitte pour être conduit à la frontière. Cet étranger peut être extradé, il se pourrait que les conditions qui autorisent cette mesure n'existassent pas, et puis elle dépend d'une demande du gouvernement étranger. Il est possible que le cas prévu par l'article se présente rarement, mais il est trop grave pour que, le cas échéant, la justice belge soit désarmée. »

Ceci n'est pas décisif, répond M. Renault, à mon avis il est singulier que le droit de punir résulte de cette complicité avec un Belge. L'impunité ne serait-elle pas aussi scandaleuse, si un étranger se trouvait en Belgique ayant assassiné un Belge dans un pays qui pour une raison ou pour une autre ne demande pas l'extradition (1).

Certains Codes n'ont pas suivi dans la voie du progrès les diverses législations dont il vient d'être parlé.

Le Code allemand de 1871 ne punit pas les faits de droit commun consommés à l'étranger par un étranger (2). Il en est de même du Code des Pays-Bas de 1881 et de la loi luxembourgeoise de 1879.

(1) Renault, *op. cit.*, p. 405.
(2) Lors de la révision partielle du Code pénal en 1876 il fut ques-

Effet d'un changement de nationalité.

L'examen auquel nous venons de nous livrer, montre qu'il y a un grave intérêt, au point de vue des poursuites, à savoir si le coupable est national ou étranger.

A quel moment faudra-t-il se placer pour déterminer la qualité de l'inculpé ? Evidemment au moment où le fait punissable a été commis. Mais il peut arriver que, dans l'intervalle compris entre l'acte et la poursuite, le délinquant ait changé de nationalité. Il ne s'agit pas là d'une supposition négligeable et curieuse seulement au point de vue théorique. Dans certains pays, la naturalisation n'exige que des formalités très rapides et un laps de temps restreint, la fraude sera donc facile. Elle est encore à craindre dans le cas où il s'agira d'une femme qui, en épousant un étranger, acquiert en général aussitôt sa nationalité. Que faudra-t-il alors décider?

Envisageons les deux hypothèses qui peuvent se présenter.

Un individu ressortissant d'un Etat est devenu étranger, après s'être rendu coupable à l'étranger, d'un fait à raison duquel il est justiciable de cet Etat,

Rien ne sera changé, à notre avis, dans la situation de l'inculpé ; sa nationalité devant être établie au moment où le délit a été commis, la naturalisation ne sau-

tion de réprimer l'infraction commise sur la personne d'un sujet allemand. Le Reichstag repoussa la proposition.

rait avoir d'effet rétroactif, en dehors même du cas où elle serait frauduleuse et destinée seulement à voiler un passé gênant.

C'est la solution qu'a consacrée l'article 10, 1re partie du Code pénal hongrois :

« Le sujet hongrois qui, après avoir commis un délit ou un crime, devient sujet étranger, reste soumis aux dispositions concernant les sujets hongrois. »

Dans les législations qui ne se sont pas expliquées sur ce point, cette règle nous paraît devoir être sous-entendue.

Passons maintenant à l'hypothèse inverse.

L'individu étranger lorsqu'il a délinqué en dehors des frontières du pays de refuge, devient citoyen de ce pays. Quelle va être sa situation ?

Ici encore, nous devons nous placer, pour répondre, à l'époque où le fait a été consommé.

Si l'inculpé pouvait être jugé pour l'acte dont il s'est rendu coupable malgré sa qualité d'étranger, pas de difficulté. Mais si d'après la législation en vigueur on ne pouvait l'atteindre, ou si l'infraction n'était pas prévue par elle, il y aura impunité. L'extradition est en effet impossible puisque le malfaiteur est maintenant national de l'État qu'il a choisi pour asile.

Le meilleur remède serait de considérer la naturalisation comme non avenue. N'y aura-t-il pas là en général un acte frauduleux qu'il faut frapper de nullité. Nous sommes, du reste, naturellement amenés à cette solution : puisque, dans la première hypothèse, nous avons décidé que le national devenu étranger n'en restait pas moins justiciable des tribunaux de son ancienne patrie, n'est-il pas logique, dans le cas qui nous occupe, de considérer le délinquant comme étranger, malgré l'acquisition de sa qualité de national. C'est la solution que nous trouvons dans plusieurs conventions entre la Grande-Bretagne et quelques autres nations (1), notamment le traité du 14 août 1876 avec la France. Nous y lisons la disposition suivante : « Les nationaux respectifs soit d'origine soit par l'effet de la naturalisation sont exceptés de l'extradition ; toutefois s'il s'agit d'une personne qui, depuis le crime ou le délit dont elle est accusée ou pour lequel elle a été condamnée, aurait obtenu la naturalisation dans le pays requis, cette circonstance n'empêchera pas la recherche, l'arrestation et l'extradition de cette personne, conformément aux stipulations du présent traité ».

Ce principe n'a pas été adopté par toutes les législations ; certains Codes ont considéré qu'il était préférable de faire rétroagir la naturalisation du coupable au jour du délit et de le punir comme national. De la sorte, il n'échappera pas à la poursuite qu'il doit encourir. Il y aura répression, c'est l'essentiel, mais à nos yeux le procédé ne paraît pas se justifier théoriquement.

Au nombre des adeptes de ce système nous citerons l'Allemagne, la Belgique et les Pays-Bas (2).

(1) *Traité d'extradition du 13 novembre cvec le Brésil*, art. 3. *Traité d'extradition du 5 février 1873 avec l'Italie*, art. 4.

(2) Code pénal allemand, article 3 ; Code pénal néerlandais, article 5 ; loi belge, article 10.

SECTION III

DE LA LOI APPLICABLE.

En punissant l'infraction extraterritoriale, une souveraineté n'a pas pour but de se substituer, dans l'exercice de la justice, au pays où l'acte a été commis, mais bien de faire cesser le trouble qui, par contre-coup, s'est fait sentir sur son propre territoire.

Aussi est-ce sa propre loi qui devra être visée dans l'application de la pénalité. Telle est la solution à laquelle aboutit la doctrine que nous avons adoptée. Elle est explicitement admise par la loi belge de 1878 (art. 14).

Certains esprits se sont pourtant élevés contre elle. Ils l'admettent bien quand la législation du lieu du délit est plus sévère que celle du pays où sont intentées les poursuites, mais si elle est plus douce, il y aura, disent-ils, un intérêt évident pour le prévenu à se prévaloir de cette indulgence. Ils invoquent pour le lui permettre des considérations d'équité et d'humanité. Le délinquant, au moment où il a agi, était soumis à cette loi, c'est elle qu'il a eue sous les yeux, il serait excessif de le traiter plus durement qu'elle ne l'eût fait elle-même. Aussi le juge devra-t-il appliquer dans ce cas les dispositions de la loi étrangère ou tout au moins en tenir compte, en réduisant la peine édictée par la loi nationale.

La distinction sur laquelle se basent les partisans de
cette théorie ne nous paraît pas être rationnelle. Si on
admet l'influence du milieu, il faut l'admettre dans
les deux cas, que la loi étrangère soit plus rigoureuse ou plus clémente ; autrement la solution est arbitraire.

Outre cette objection de principe, l'idée rencontrera
dans la pratique mille difficultés. Il est facile au législateur de dire que la peine la plus douce sera appliquée,
mais il l'est moins de déterminer quelle est la peine la
plus douce. Une telle disposition nécessitera de la part
du juge une appréciation entre la gravité des diverses
sanctions, que peuvent rendre très difficile la différence
des systèmes pénaux et le défaut de concordance dans
l'échelle des pénalités.

Plusieurs Codes n'ont pas hésité à permettre l'immixtion de la loi étrangère dans leurs dispositions nationales.

L'Allemagne admet l'application de la loi étrangère,
si elle édicte une peine moins grave que le Code allemand.

ART. 4 *in fine*. — Si la loi du pays édicte une peine
plus douce *cette loi devra être appliquée.*

L'article 40 du Code pénal de l'Empire d'Autriche
est conçu dans le même sens.

Ces dispositions nous paraissent inadmissibles : comment concevoir qu'un tribunal allemand ou autrichien puisse appliquer une autre loi que sa loi nationale.

D'autres législations se contentent d'édicter que la peine la plus faible sera prononcée.

Ainsi l'article 12 du Code hongrois dispose :

Si dans les cas des articles 8 et 9 (infractions contre les particuliers) la peine d'un crime ou d'un délit est plus faible au lieu où il a été commis que celle prononcée par le présent Code, cette première peine sera appliquée.

L'article 14 prévoit la difficulté de fait que nous avons signalée. Si un crime ou un délit commis hors du territoire hongrois est puni par la loi étrangère, d'une peine qui ne figure pas au présent Code, elle sera remplacée par celle des peines de ce Code qui s'en rapprochera le plus.

Nous préférons la solution du projet russe, article 8-8°, qui nous paraît plus conforme aux principes : si la disposition étrangère est plus clémente que celle du Code russe, elle influera sur la décision des magistrats, à titre de circonstances atténuantes.

Dans le silence de la loi, cette règle est la seule qui puisse être admise.

Ainsi, à notre avis, les textes en vigueur dans l'Etat poursuivant doivent être exclusivement visés dans l'application de la pénalité. Il en sera de même quant à la procédure et à l'instruction.

Ici, une nouvelle difficulté se présente au point de vue

de la prescription de l'action publique, au cas où le Code en vigueur exige pour la répression de l'infraction la dualité d'incrimination de l'acte, dans le pays du fait et dans le pays de refuge.

Supposons que, dans le premier Etat, la prescription soit acquise par le délai d'un an, tandis que dans le second, elle ne pourra l'être qu'au bout de cinq ans : le droit de poursuite de ce dernier se trouvera-t-il éteint après un an et le délit cessera-t-il d'y être punissable.

Le Code allemand admet pour le prévenu une immunité dans cette hypothèse.

ART. 5. — Il n'y a pas lieu à poursuite dans les cas suivants :……

2° Si la poursuite est *prescrite d'après la loi étrangère*.

Il en est de même des Codes hongrois, article 11, Japonais, article 5, 5° et 6° et du projet norwégien, article 13 § 1.

Le système contraire nous paraît préférable. Si certaines législations ont exigé que pour être poursuivi le délit fût prévu par la loi étrangère, c'est afin que le délinquant ne pût prétendre avoir cru accomplir un acte licite. Cette condition ne peut avoir d'autre portée. Il suffit que le fait soit prévu pour être répréhensible, quand bien même il ne pourrait plus être puni dans le pays où il a été commis.

SECTION IV

I. — Retour de l'inculpé sur le territoire.

La condition du retour de l'inculpé fait partie inté-
grante de notre système. C'est la présence du délinquant
qui fait naître le droit de répression. Il ne suffit pas en
effet que l'acte incriminé soit contraire à la loi morale,
il faut de plus qu'il soit nuisible à l'intérêt social. Tant
que le national et *à fortiori* l'étranger restent éloignés,
aucun trouble ne se fait sentir sur le territoire de l'Etat
dont nous fixons la compétence. Le fait a beau être répréhensible, l'intervention de ses autorités ne se justifierait pas.

Si le délinquant vient sur le territoire, le devoir de
l'Etat est alors d'agir. De la venue de ce malfaiteur impuni, naît un danger, non seulement parce qu'il donne
un exemple fâcheux, mais aussi parce qu'on peut toujours craindre de le voir récidiver. Le maintien de l'ordre exige alors une répression.

Ajoutons que, par le retour, sont sauvegardés les
droits de la défense. Des faits accomplis en pays étranger présentent, par cela même, une difficulté de preuve
assez considérable, pour que la loi réclame la présence

de l'inculpé aux débats. Elle sera indispensable pour arriver à la connaissance exacte de la vérité.

Il faut s'entendre sur le sens du mot retour. Quel en doit être le caractère ? Faut-il que le coupable soit rentré spontanément, volontairement, sur le territoire ou bien suffit-il qu'il s'y trouve, même par un cas de force majeure indépendant de sa volonté ?

En droit abstrait, nous n'hésitons pas à nous ranger du côté de cette seconde opinion. Comment un individu qui, par suite d'une circonstance fortuite, est mis dans l'impossibilité de se soustraire à une juridiction compétente pour le juger, pourrait-il être admis à arguer de cette circonstance pour échapper au châtiment auquel il s'est exposé et qui va justement l'atteindre.

Le législateur italien a fait selon nous une déduction exacte des principes en permettant la poursuite de l'inculpé de quelque façon qu'il soit rentré dans le royaume (C. pén., art. 4 *in fine*).

Dans le silence de la loi, la plupart des commentateurs estiment que la présence de l'infracteur doit être volontaire. Ils pensent qu'il serait contraire aux maximes du droit des gens, aux préceptes de l'équité, de profiter de circonstances purement accidentelles, pour se saisir d'un individu qui n'est pas venu spontanément braver des lois qu'il savait lui être applicables.

Nous aurons l'occasion de constater cette interprétation à l'occasion de notre législation française (art. 5, loi de 1866).

Les expressions dont se sont servis les rédacteurs de
la loi belge de 1878 :

ART. 12. — « La poursuite... n'aura lieu que si l'inculpé est trouvé en Belgique » ont donné naissance à la
même controverse.

On la résout généralement dans le sens que nous
venons d'indiquer (1).

Ajoutons que la loi luxembourgeoise a adopté les termes de notre article 5.

II. — Plainte de la partie lésée ou dénonciation des autorités étrangères.

En théorie, on conçoit difficilement que le droit d'atteindre certaines infractions extraterritoriales puisse
être subordonné à l'intervention d'une puissance étrangère ou à l'initiative d'un particulier. Ce droit, nous
l'avons reconnu à l'Etat dans le but de faire régner chez
lui le bon ordre qu'il a le devoir de maintenir. C'est
donc à lui seul de juger ce qui, de ce chef, peut être une
cause de trouble ; il doit agir de sa propre autorité, non
sur les instances d'une autre souveraineté, pour sa
propre défense, non pour la sauvegarde d'intérêts particuliers. Le ministère public doit être maître de la poursuite, sans qu'il soit besoin d'attendre un avis officiel ou
une plainte de la partie lésée.

La justesse de ces considérations est indiscutable

(1) Haus, *Droit pénal*, t. 1, p. 171. *Contrà* : Thonissen, *Rapport sur
la loi de* 1878.

surtout lorsqu'il s'agit d'infractions graves. Le caractère de criminalité de l'acte lui donnera un grand retentissement et provoquera parmi les habitants un sentiment de malaise qu'il importe de faire aussitôt cesser. La puissance étrangère, intéressée à la répression de l'acte commis chez elle, prêtera volontiers son aide et celle de ses agents ; les preuves nécessaires à l'instruction de l'affaire seront facilement rassemblées. Rien dans ce cas ne viendra entraver l'exercice de l'action publique. L'Etat de refuge doit ici être seul juge de la poursuite.

Par contre, si nous envisageons des infractions de moindre importance, devons-nous maintenir le principe dans toute sa rigueur.

On peut considérer que l'intérêt privé est plus en jeu que l'intérêt public, aussi ne devra-t-on plus s'attendre comme tout à l'heure à un concours aussi spontané de la part de la nation étrangère. Il devient indispensable, pour la manifestation de la vérité, de provoquer par un texte législatif, l'initiative de la victime ou de l'Etat dont elle ressortit, qui seuls sont à même de procurer à la justice les documents et de recueillir les indices propres à éclairer et à diriger sa marche. Le seul moyen de la forcer d'agir est donc d'exiger, avant toute procédure, la plainte du particulier offensé ou la dénonciation officielle de l'autorité étrangère. Sans doute un danger se présente, c'est qu'un pacte intervienne entre la victime ou ses héritiers et le coupable, pour lui assurer l'impunité. Il sera ainsi dérogé à ce qui est d'ordre public. C'est un résultat regrettable, nous en conviendrons, mais inévitable et qui sera d'ailleurs compensé par l'avantage que la société retirera souvent, dans l'œuvre de la justice, de l'aide de la partie lésée.

Le principe doit donc plier ici devant des nécessités de fait.

Le Code pénal italien s'est rangé à cette idée. L'auteur de l'infraction est-il un citoyen, lorsque la peine encourue est moindre de trois années, on ne procède que sur la demande de la partie lésée ou à la requête du gouvernement étranger. Si le délinquant est étranger et la victime italienne, lorsque la peine édictée est supérieure à une année, on n'agit que sur la poursuite de la partie lésée (art. 6).

Si cette dernière garde le silence et qu'il y ait nécessité de réprimer le fait, l'Etat italien n'est pas désarmé. Le coupable pourra être jugé à la requête du ministre de la justice.

C'est là une excellente disposition qui tient compte des besoins de la pratique, tout en permettant aux tribunaux de connaître du fait, si le souci de l'ordre public le commande.

Ajoutons qu'au cas où le coupable et la victime sont tous deux étrangers, c'est au ministre de la justice seul qu'il appartient de statuer sur la conduite à tenir.

La loi belge de 1878 n'exige la plainte ou l'avis préalable des autorités étrangères que lorsque la victime est étrangère.

Cette limitation est la conséquence de l'idée maîtresse qui a inspiré les rédacteurs de la loi sur toute notre matière ; à savoir que l'intérêt public de la Belgique est beaucoup moins directement engagé quand la victime est étrangère qu'au cas où elle est belge. « La justice nationale, dit M. Thonissen dans son rapport, peut fermer les yeux quand l'étranger lésé ou sa famille garde le silence et que son gouvernement ne juge pas l'infraction assez grave pour motiver l'accomplissement de la formalité d'un avis officiel. »

Plusieurs législations n'édictent pas la nécessité de la plainte en matière d'infraction extraterritoriale.

Quelques-unes se contentent d'en exiger une, dans le seul cas où elle est nécessaire en vertu de la législation intérieure du pays où le fait a été commis.

Il en est ainsi du Code pénal hongrois, article 16, du Code pénal de l'empire d'Allemagne, article 5, de l'avant-projet suisse, article 5, § 3 et du projet norwégien, article 13.

III. — De l'effet d'une sentence étrangère.

Jusqu'ici nous ne nous sommes occupés que d'une infraction simplement commise, pour en étudier la répression.

Supposons maintenant que cette même infraction ait déjà été jugée à l'étranger.

En quelle façon et dans quelles limites, l'Etat qui a, lui aussi, compétence pour en connaître, devra-t-il

tenir compte du jugement et de la condamnation intervenue ?

Toute décision des tribunaux d'un Etat produit, sur
le territoire de la souveraineté au nom de laquelle elle
est rendue, deux effets.

Elle a l'autorité de la chose jugée, c'est-à-dire que
l'action publique est désormais éteinte à raison du fait
qui en a motivé l'exercice.

Elle a force exécutoire, c'est-à-dire qu'on peut requé-
rir les agents de la force publique, pour prendre sur la
personne ou les biens du condamné, les mesures de
coercition qu'elle ordonne.

Nous devons donc examiner l'effet d'un jugement
étranger à ces deux points de vue.

C'est un axiome incontesté en droit public, qu'on ne
peut poursuivre à nouveau pour le même délit quelqu'un
qui a été légalement et définitivement jugé. Il serait
contraire à l'équité qu'un individu pût être traduit
successivement devant plusieurs juridictions et restât
indéfiniment soumis à l'éventualité de poursuites nouvelles. Cette règle est consacrée par toutes les législations, de tout temps elle a été reconnue et on a coutume
de l'exprimer dans la langue du droit par le brocard
non bis in idem judicatur.

Que cette maxime produise effets entre les tribunaux
d'une même nation, à l'égard de décisions judiciaires
rendues au nom d'une même souveraineté, c'est un

principe constant et indiscutable. Mais devra-t-elle aussi s'appliquer aux jugements émanant de tribunaux d'Etats différents et, au cas de concours de deux poursuites, la sentence prononcée par l'une des deux juridictions doit-elle être considérée comme faisant obstacle à l'exercice de nouveaux actes de poursuite de la part de l'autre ?

C'est dans la mesure de son intérêt que nous avons admis pour l'Etat, le droit de punir une infraction extraterritoriale. Par conséquent nous devons décider que l'action publique pourra être exercée, malgré l'existence d'un jugement étranger statuant sur le fait, toutes les fois que cet intérêt subsistera.

Il en sera certainement ainsi au cas où le délit a porté une atteinte directe à la sûreté ou au crédit de cet Etat. Chaque nation a incontestablement le droit de réprimer les infractions commises hors du territoire, lorsqu'elles l'atteignent dans son existence, son organisation politique ou même financière. Elle ne saurait se remettre de ce soin à une autorité étrangère qui peut-être ne serait pas compétente pour en connaître ou qui tout au moins ne se placerait pas au même point de vue. Le droit de juridiction n'est plus ici subsidiaire mais principal, il ne saurait s'incliner devant le droit de la juridiction territoriale.

Les délits de cette nature spéciale pourront donc toujours être poursuivis devant ses tribunaux, nonobstant tout jugement rendu à l'étranger.

Quelques législations ont prévu cette hypothèse et ont adopté la règle que nous venons de poser.

Le Code pénal italien :

ART. 4, § 2. — Il (le citoyen ou l'étranger) est jugé dans le royaume, encore bien qu'il ait été jugé à l'étranger, *si le ministre de la justice en fait la demande.*

L'exercice de la justice est ainsi rendu facultatif; l'autorité appelée à la mettre en mouvement pourra en arrêter la marche, si le fait incriminé a été, de la part des tribunaux étrangers, l'objet d'une répression suffisante (1).

L'avant-projet de Code pénal suisse consacre implicitement la même solution (art. 4 *in fine*).

Tel est également le système du Code pénal allemand. Les paragraphes 1 et 2 de l'article 4 prévoient le cas où un étranger ou un national se sont rendus coupables à l'étranger d'une offense contre l'Etat.

Le paragraphe 3 punit l'Allemand qui, hors du territoire, a commis une infraction de droit commun.

Or, l'article 5 déclare qu'il n'y aura pas lieu à poursuite dans les cas déterminés par le paragraphe 3 de l'article 4, si le prévenu a été définitivement jugé à raison du même fait, par un tribunal étranger et qu'il ait été acquitté ou ait subi sa peine.

____

(1) Il est des cas où une nouvelle poursuite serait inopportune et vexatoire. L'infraction pourra porter aussi préjudice à l'Etat sur le territoire duquel elle a été commise et dès lors la juridiction territoriale a dû se montrer aussi sévère que l'eût été la juridiction de l'Etat lésé. Un Belge, par exemple, fabrique et émet en France de la monnaie belge. La France est aussi intéressée à sévir que la Belgique.

Les poursuites restent donc possibles dans les cas prévus par les paragraphes 1 et 2 de l'article 4.

Le Code pénal hongrois fait dans son article 7 l'application du même principe, en exceptant de cette disposition les sujets de l'autre Etat de la Monarchie.

Ajoutons que dans le cas de nouvelles poursuites, on devra, par mesure d'équité et d'humanité, déduire de la peine prononcée, la peine subie à l'étranger.

Ce premier point acquis, reprenons notre théorie générale en dehors de cette hypothèse.

Nous nous trouvons en face d'une infraction de droit commun.

L'Etat qui prétend exercer sa compétence n'a pas été directement lésé par le délit, l'ordre public n'a pas été troublé sur son territoire, il sera même possible que l'infraction y soit ignorée. Si le juge territorial a statué, si le jugement a été exécuté, il n'y a plus impunité, partant plus d'intérêt à agir. L'exercice de l'action pénale par l'autorité extraterritoriale ne se justifierait plus.

Cette règle essentielle établie, examinons les différentes solutions qu'aura pu recevoir la poursuite dans le pays du fait.

1er *Cas.* — Le jugement étranger prononce un acquittement.

Les criminalistes sont d'accord pour reconnaître que, dans ce cas, le prévenu acquitté ne peut plus être poursuivi. « Quoiqu'il puisse arriver, dans des circonstances exceptionnelles, que la décision laisse quelques doutes,

il y aurait plus d'inconvénients que d'avantages à remettre en question la culpabilité qu'elle n'a point reconnue. Autrement l'action publique, désormais éteinte
sur le territoire du délit, se ranimerait dans le pays de
l'accusé, sauf à reprendre une vie nouvelle dans celui de
la victime (1). » Les autorités territoriales étaient en effet
plus à même de mener à bien l'information, pourtant
l'inculpation n'a pu être établie, comment pourrait-elle
l'être ailleurs. Pourquoi risquer, par une intervention
fâcheuse, de contredire une sentence qui présente toutes
les garanties désirables, au détriment des bons rapports
internationaux.

Il est nécessaire que l'acquittement soit définitif et
porte sur toutes les qualifications du fait. Il peut se faire
que les actes délictueux soient susceptibles de recevoir
des qualifications différentes. L'homicide peut consti-
tuer, selon les cas, un homicide par imprudence, un
meurtre, des coups et blessures ayant occasionné la
mort sans intention de la donner. Si la juridiction étrangère n'a statué que sur l'infraction qualifiée d'une façon
déterminée, l'inculpé acquitté de ce chef pourra être
poursuivi à raison du même fait revêtu d'une autre qualification.

La maxime *non bis in idem* ne sera pas dans ce cas
applicable, car l'objet des deux poursuites n'est pas
identique.

(1) Le Poittevin, Rapport au Congrès de Paris, mars 1895, *Bulletin
de la commission pénitentiaire internationale*, p. 18. — Cf. Von Bar,
Intern. und privat Strafrecht, p. 560.

La solution que nous donnons à ce premier cas, nous paraît devoir être consacrée dans les législations positives ; elle est déjà du reste admise expressément par quelques-unes (1).

2ᵉ *Cas*. — Le jugement étranger prononce l'absolution.

Les juges étrangers ont absous l'inculpé, en se basant sur ce que la loi territoriale ne prévoit pas le fait.

Cette sentence d'absolution mettra-t-elle obstacle à l'exercice de l'action publique dans le pays de refuge qui, lui, incrimine l'acte.

Ici une distinction nous paraît nécessaire.

La loi de l'Etat poursuivant déclare tenir compte de la loi territoriale pour la détermination des infractions punissables. Dans ce cas, elle devra s'arrêter devant une sentence d'absolution rendue au lieu du délit, puisque cette sentence est la preuve même que la loi locale ne prévoit pas le fait.

Dans l'hypothèse contraire, il est logique de décider que son action ne sera pas paralysée. Il est naturel de reconnaître à l'Etat une indépendance qu'il a entendu garder (2).

Aussi concluons-nous que « l'acquittement motivé

(1) Avant-projet du Code pénal suisse, art. 5, § 3 ; Code pénal italien, art. 7, § 2 ; Code pénal de l'empire d'Allemagne, art. 5, § 1 ; Code pénal hongrois, art. 11 ; loi belge, art. 13, § 1.

(2) *Contra*, Faustin Hélie, *Instruct. crim.*, II, p. 62 ; Mangin, *De l'action publique*, 1, p. 129.

par la non-criminalité du fait a la même force que la loi sous l'empire de laquelle il a été rendu (1) ».

Le projet de Code pénal russe est le seul monument législatif qui fasse allusion au cas d'une sentence d'absolution. Prononcée par arrêt irrévocable d'un tribunal étranger, elle paralyse l'action publique (2).

3e *Cas*. — Le jugement étranger prononce la condamnation.

Nous examinerons successivement les deux hypothèses qui peuvent alors se présenter.

I. — La sentence n'est pas définitive, c'est-à-dire qu'elle a été rendue par contumace ou par défaut et qu'en ce dernier cas, les délais d'opposition ne sont pas expirés.

Il ne paraît pas ici qu'une controverse soit possible. L'autorité de la chose jugée est caduque même dans le pays de qui émane la décision. Pour la faire tomber, il suffira que le condamné se constitue prisonnier ou qu'il fasse opposition au jugement qui le frappe. Tout sera alors à recommencer. Une sentence aussi précaire ne devra donc pas mettre obstacle à une poursuite ultérieure dans le pays de refuge (3).

(1) Le Poittevin, *op. cit.*, p. 19.

(2) Cette distinction perd un peu de son intérêt, si l'on considère que dans l'état actuel des législations européennes, les différents codes prévoient toute infraction d'une certaine gravité. Pourtant il arrivera que certains faits ne seront pas punis par la loi du pays où ils auront été commis, principalement les crimes ou les délits au préjudice d'un Etat étranger. On se rappelle que dans ce cas, nous avons reconnu à la puissance directement visée un droit de juridiction exclusif.

(3) L'article 3 de la loi belge de 1836 prévoyait cette hypothèse. Il

II. — La sentence est définitive (elle a été rendue contradictoirement, ou l'ayant été par défaut, elle est devenue inattaquable après l'expiration des délais d'opposition).

Si la peine a été subie, il serait certainement excessif d'intenter une nouvelle poursuite.

Les dispositions des législations positives concordent sur ce point (1).

Mais que décider, si le condamné a pu s'enfuir sans accomplir sa peine ou après ne l'avoir subie qu'en partie. Le coupable sera-t-il protégé par une fin de non-recevoir contre l'action publique de l'Etat de refuge.

La peine non suivie d'exécution est dépourvue d'effet. L'impunité subsiste, donc aussi le scandale, jusqu'à ce qu'une répression effective vienne le faire cesser. L'intérêt du pays qui tient le délinquant en son pouvoir à reprendre la poursuite nous paraît certain. Il devra toutefois offrir préalablement l'extradition du condamné (2). Si elle est refusée, l'Etat ne sera en aucune façon lié par le jugement intervenu, ses tribunaux

arrêtait toute poursuite en Belgique si l'inculpé avait été poursuivi et jugé à l'étranger, « à moins qu'il ne fût intervenu une condamnation par contumace ou par défaut ».

(1) Code pénal italien, 7, § 3 ; Code pénal allemand, 5, § 1 ; Code pénal hongrois, 7, § 2 ; Code pénal autrichien, 36 ; loi belge, 13 ; Code pénal des Pays-Bas, 68, § 2-1°. Avant-projet suisse, 5, § 5 ; Projet de Code pénal russe, 8, § 1 ; Projet autrichien, 4, § 3.

(2) Von Bar, un des adversaires les plus acharnés de l'extradition des nationaux, admet pour ce cas une exception (*Annuaire de l'Institut de droit international*, VII, p. 126.

pourront statuer en pleine indépendance, modifier la qualification du fait, appliquer une peine plus ou moins sévère que ne l'a fait la juridiction étrangère.

L'application de l'axiome *non bis in idem* serait ici déplacée, l'inculpé n'est intéressant à aucun titre et on ne saurait lui témoigner de faveur. Pourtant, pour des motifs d'équité, il sera juste, dans le cas d'une nouvelle condamnation, de tenir compte de la détention déjà subie et de l'imputer sur la peine prononcée (1). Sans doute, dans la pratique, cette imputation présentera quelques difficultés. Elles naîtront d'abord du défaut de concordance entre les deux législations, dont les dispositions spéciales, le système et le régime pénaux pourront différer ; elles résulteront aussi de ce que les deux jugements auront infligé des peines de degré différent qu'il sera délicat de compenser entre elles (les travaux forcés et l'emprisonnement, par exemple). Il n'y a pas là pourtant d'obstacle insurmontable.

Témoin les quelques Codes ou projets qui appliquent cette imputation.

Le Code pénal allemand ne nous paraît pas être dans sa rédaction sur ce point à l'abri de tout reproche. Son article 7 dispose :

« En cas de nouvelle condamnation sur le territoire de l'empire d'Allemagne, il y aura lieu *d'imputer* sur la peine prononcée, celle qui aura été subie à l'étranger. »

(1) Le Poittevin, *op. cit.*, IIᵉ partie, p. 16.

Cette expression nous semble défectueuse, l'imputation peut être difficile si les peines édictées par les deux législations ne sont pas de même nature. Il eût fallu spécifier comment se ferait le calcul.

Nous préférons les termes plus larges qu'emploie le Code hongrois.

ART. 13. — Dans les cas prévus aux paragraphes 8 et 9 (infractions commises contre un particulier ou contre un Etat autre que la Hongrie), on *tiendra toujours compte* de la peine subie à l'étranger pour la mesure de la peine qui devra être prononcée par les tribunaux hongrois.

Cette législation laisse au juge un plus large pouvoir d'appréciation (1).

La solution du Code pénal italien est un peu différente.

ART. 8. — Quand, dans les cas indiqués aux articles précédents, le procès fait à l'étranger est renouvelé dans le royaume, on impute la peine subie à l'étranger, en tenant compte de sa nature et en appliquant où il convient les dispositions de l'article 40.

Le rôle du magistrat est ici réduit en partie, l'imputation aura souvent lieu selon une équivalence purement légale.

Les considérations auxquelles ont obéi les législations dont il vient d'être question n'ont pas paru décisives à

____

(1) Dispositions analogues, art. 5, § 6 de l'avant-projet du Code pénal suisse; art. 13, § 4 du projet de Code norwégien; art. 13, § 3 du Code pénal belge.

la commission du projet de Code pénal russe. Elle exige, si la peine n'a pas été intégralement subie, que la poursuite soit reprise : le juge russe ne tiendra compte de la peine exécutée en partie à l'étranger que pour réduire, conformément à l'article 53 (relatif aux circonstances atténuantes), celle qu'il devra prononcer lui-même.

Nous avons vu que l'exécution totale de la peine mettait le coupable à l'abri de nouvelles poursuites dans le pays où il émigre. L'exécution n'est pas le seul mode d'extinction de la peine. Elle peut résulter aussi d'une grâce ou de la prescription. Convient-il d'assimiler au cas où la peine a été dûment accomplie, celui où elle sera prescrite selon la loi du pays qui l'a infligée ou remise par voie de grâce par la souveraineté de cet Etat.

Sur le premier point tous les auteurs sont d'accord pour décider que l'action pénale est éteinte dans le pays où le condamné a cherché un asile (1).

Si le condamné a bénéficié d'une décision gracieuse, cette mesure devra, semble-t-il, opérer extinction de l'action pénale (2).

La souveraineté directement intéressée au châtiment a jugé le coupable digne de son indulgence, on ne voit donc pas quel danger l'Etat subsidiairement offensé peut avoir à redouter de sa présence. Cette opinion pa-

---

(1) Fiore, *Tr. Dr. pénal intern.*, II, p. 144.
(2) Von Bar, *op. cit.*, p. 562 ; Fiore, *loc. cit.*

raît, sauf quelques dissidences (1), triompher aujourd'hui en doctrine.

Les Codes qui ont prévu l'hypothèse l'ont sanctionnée (2).

Nous voici fixés sur la portée de la règle *non bis in idem* en droit international. D'autres questions vont maintenant se poser, relatives, celles-ci, à la force exécutoire d'un jugement criminel hors du territoire où il a été rendu.

En ce qui touche les peines corporelles et pécuniaires, personne n'admet qu'elles puissent être appliquées au delà des limites de l'Etat qui les a prononcées. Leur exécution nécessite des mesures de coercition ; on ne peut reconnaître à une souveraineté le pouvoir d'ordonner ces actes au delà de ses propres frontières.

Les condamnations pénales, en dehors de la peine principale, frappent parfois, dans les cas graves, le condamné dans sa capacité juridique. Tous les Codes édictent un système de pénalités accessoires qui consistent en incapacités et déchéances, restrictions au droit de libre circulation ou de libre résidence. Elles ont pour but d'ôter au condamné l'exercice des droits dont son indignité fait craindre de le voir mésuser et de prendre contre lui certaines précautions nécessitées par la dé-

______

(1) Martens, *Précis du droit des gens moderne de l'Europe*, § 105.

(2) C. p. italien, 7, § 2 : C. p. des Pays-Bas, 68, § 2-2° ; C. p. hongrois, 11 ; Avant-projet suisse, 5, § 5; C. p. allemand, 5, § 2.

fense sociale. S'il est à l'abri d'une fin de non-recevoir, le condamné va-t-il, en passant à l'étranger, jouir de la plénitude de ses droits, pouvoir notamment, si c'est dans sa patrie qu'il est venu se fixer, réclamer l'exercice de ses droits civiques ; lui suffira-t-il d'avoir franchi la frontière pour faire en quelque sorte peau neuve et se prévaloir de tous les avantages dont la jouissance est réservée aux honnêtes gens.

Malgré les arguments d'utilité qu'on peut invoquer à cet effet, il ne saurait être question de donner directement force exécutoire aux pénalités résultant de la sentence étrangère elle-même. Dans l'état actuel du droit cette solution serait prématurée. Le principe de l'indépendance des souverainetés, la défiance peut-être injustifiée, mais en tout cas vivace, des jugements criminels, émanant de tribunaux étrangers, s'opposent d'une façon péremptoire à l'efficacité des sanctions complémentaires au même titre qu'à l'exécution de la peine principale.

Ces considérations n'ont pas arrêté pourtant les rédacteurs du Code pénal de Neuchâtel (Suisse).

« Tout délit, dit l'article 37, emportant une des incapacités prévues aux articles 31, 33, 35 et 36 du présent Code, a cette conséquence même si la condamnation à ces peines accessoires a été prononcée par le tribunal d'un autre canton ou d'un Etat étranger lié avec la Suisse par un traité d'extradition. Si toutefois la durée de ces peines accessoires prononcées hors du canton

excédait le maximum prévu par le présent Code pour la
même infraction, elle sera ramenée à ce maximum par
un arrêt de la chambre d'accusation sur le préavis du
procureur général. »

C'est bien le jugement étranger qui produit effet sans
que les tribunaux locaux soient appelés à donner une
décision (1).

Si cette confiance qui fait accepter les yeux fermés
une sentence étrangère peut paraître excessive, il faut
remarquer qu'elle ne s'étend pas à toutes les nations
étrangères mais, en dehors des autres cantons, seulement à celles qui sont liées avec la Suisse par un traité
d'extradition. On comprend que c'est une garantie suffisante touchant la valeur des institutions législatives et la
bonne administration de la justice de l'Etat qui a statué.

Du reste l'article vient poser quelques restrictions
à la règle qu'il édicte. Ce ne sont pas les incapacités
édictées par la loi territoriale qui sont prononcées,
mais les incapacités correspondantes prévues par le
Code neuchâtellois. Il paraît en outre résulter de la
rédaction de notre texte que c'est cette dernière loi seule
qui détermine le délit qui comporte la pénalité accessoire (2). Enfin la durée de cette peine prononcée hors
du canton, sera ramenée, si elle l'excède, au maximum

____

(1) Leloir, Etude sur le nouveau Code pénal du canton de Neuchâtel.
Bull. de la Soc. de législation comparée, 1892, p. 543.

(2) Le Poittevin, Des crimes ou délits commis par un Français à
l'étranger. *Journal du droit international privé*, 1894, p. 225.

prévu par la législation du canton pour la même infraction.

La loi neuchâtelloise est donc seule appliquée.

Généraliser cette disposition serait peut-être dangereux ; les lois criminelles des différents peuples sont encore trop loin de présenter une uniformité absolue dans la conception et l'application du droit, pour qu'il soit permis d'y penser dans les circonstances présentes.

C'est dans un moyen terme qui satisfasse à la fois les esprits jaloux de l'autonomie nationale et l'intérêt du pays dont le devoir est de se méfier du malfaiteur frappé par une juridiction étrangère, qu'il faut chercher la solution de la difficulté qui nous occupe.

Supposons d'abord qu'il s'agit d'un national qui, condamné hors du territoire, rentre dans sa patrie.

Sans doute les incapacités qui résultent de la sentence qui l'a frappé ne sauraient avoir efficacité de plein droit dans son pays d'origine, fussent-elles même édictées par la loi nationale, *à fortiori*, ne pourraient-elles pas être mises à exécution, si elles n'étaient pas reconnues par cette loi, l'ordre public s'y opposant.

Mais s'il n'est pas possible d'appliquer ces peines accessoires elles-mêmes, pourquoi ne prononcerait-on celles qui eussent atteint le coupable s'il avait comparu, pour le même fait, devant les tribunaux de sa nation d'origine. Rien ainsi ne vient blesser les exigences du droit public ; il n'y a pas immixtion de la loi étrangère dans l'ordre intérieur.

Reste à déterminer par quel procédé pratique on arrivera à faire prononcer ces sanctions complémentaires.

La plupart des Codes s'arrogent sur leurs nationaux momentanément absents un droit de surveillance. L'un d'eux commet au dehors une infraction et est condamné de ce chef. Si l'on tient systématiquement pour non avenue toute décision d'une juridiction répressive étrangère, la conséquence logique est une reprise de poursuites devant la juridiction nationale. Le résultat en serait la condamnation du délinquant à une peine principale qu'il faudrait remettre par décision gracieuse, si elle a été subie ; autrement il y aurait double châtiment pour une même infraction, ce qui serait contraire à l'équité. Que subsisterait-il de toute la procédure ? Précisément les pénalités accessoires dont nous voulons frapper le délinquant. Pourquoi ne pas prendre un chemin plus direct, en réduisant l'action publique au seul but qu'elle doit avoir en dernière analyse, la reconnaissance judiciaire des incapacités encourues.

Ce sont ces considérations qui ont amené certains Codes à organiser une *action en déchéance*.

La loi pénale du royaume de Suède de 1864 la consacre ainsi, chap. 2, § 21 :

« Lorsqu'un individu aura été puni hors du royaume pour une infraction et sera, par conséquent, suivant le chapitre I, § 3, exempt de punition dans ce royaume, la destitution ou la peine accessoire mentionnée au § 15 ou 19 pourra toutefois être prononcée ici contre lui, si l'infraction emporte pareille destitution ou peine accessoire d'après cette loi. »

Les Codes de l'empire d'Allemagne, article 37, de Hongrie, article 15, et le projet norwégien, article 35, fournissent des dispositions presqu'identiques (1).

Il nous est facile de dégager de ces textes les caractères de notre action. Elle répond en tout point aux conditions théoriques que nous avons posées.

Ce n'est pas un exequatur de la condamnation étrangère, c'est une poursuite nouvelle, « elle a pour cause

(1) Code pénal de l'empire d'Allemagne, article 37. « Toutes les fois qu'un allemand aura été puni en pays étranger, pour un crime ou un délit emportant ou pouvant emporter, d'après les lois de l'empire d'Allemagne, la privation des droits civiques en général, ou de certains droits civiques en particulier, la poursuite pourra être reprise à l'effet de faire prononcer la privation de ces droits. »

Code pénal hongrois, article 15. « Si un sujet hongrois a commis, hors du territoire de l'Etat hongrois, un acte contre lequel le présent Code prononce la destitution d'emploi ou la suspension de l'exercice des droits politiques, il y aura lieu d'intenter des poursuites pour faire appliquer les peines accessoires, alors même que la peine aurait déjà été subie en pays étranger ou qu'elle aurait été remise par les autorités compétentes de ce pays. »

Projet de Code pénal de Norwège, article 32. « Lorsqu'une personne s'est rendue coupable d'une infraction qui, conformément aux lois norwégiennes, entraîne la perte de certains droits civiques, les tribunaux du royaume peuvent la priver de ces droits sur la demande du ministère public. »

Code pénal fédéral suisse, art. 30. « Le tribunal prive de l'exercice de ses droits civiques pour une durée de 5 à 15 ans quiconque s'est, par un délit, rendu foncièrement indigne de la confiance publique. Cette mesure peut être également ordonnée contre un Suisse condamné à l'étranger pour délit. Les droits civiques comprennent le droit de votation ou d'élection, le droit d'être élu à une fonction et de l'occuper, le droit de servir dans l'armée. »

impulsive et comme origine la condamnation étrangère ; une fois mise en mouvement, elle en devient indépendante à peu près comme s'il s'agissait de statuer sur une affaire non encore jugée » (1).

Ainsi la souveraineté nationale est pleinement respectée. La liberté la plus entière est laissée au juge qui a toujours la faculté de prononcer ou non les incapacités encourues. Il devra ainsi apprécier à nouveau la culpabilité du condamné et pourra tenir compte de tous les documents ou renseignements nouveaux, ignorés lors de la poursuite à l'étranger et qui pourront surgir jusqu'au moment où est intentée l'action en déchéance ; de telle sorte que le fait se trouvera peut-être qualifié d'une façon plus ou moins rigoureuse qu'il ne l'avait été précédemment.

Le Code pénal italien a conçu notre procédure d'une façon un peu différente. Voici en quels termes il l'a édictée :

Art. 7 *in fine*. — « Néanmoins, si, contre l'Italien, à raison d'un délit commis à l'étranger, autre que les infractions indiquées au n° 1 du présent article, il a été prononcé à l'étranger une condamnation qui, suivant la loi italienne, emporterait comme peine ou comme conséquence pénale, l'interdiction des emplois publics ou une autre incapacité, l'autorité judiciaire, sur l'initiative du ministère public, peut déclarer que la sentence pro-

____

(1) Le Poittevin, *op. cit.*, p. 5.

noncée à l'étranger entraîne dans le royaume l'interdiction ou l'incapacité susdite : sauf au condamné, le droit de demander, qu'avant de statuer sur les réquisitions du ministère public, la procédure suivie à l'étranger sera recommencée.

Cette disposition diffère, on le voit, de celles des législations précédentes sur un point essentiel. L'incapacité ou l'interdiction d'emplois ne résulte plus d'un jugement prononcé à la suite d'une nouvelle instance, mais bien de la sentence étrangère elle-même qui acquiert droit de cité par une déclaration d'admittatur du magistrat italien. Ce dernier n'a donc plus, comme tout à l'heure, un pouvoir d'appréciation sur la culpabilité ou la qualification du fait ; il est lié par la teneur de la décision qu'il va rendre exécutoire.

Cependant nos deux idées essentielles se retrouvent encore.

La loi italienne seule est appliquée. C'est à ses dispositions qu'il faudra se reporter, pour savoir si l'acte répréhensible, tel qu'elle le prévoit, encourt des pénalités accessoires et quelles sont ces pénalités.

Le jugement étranger n'est pas accepté sans appel, les intérêts du condamné sont pleinement sauvegardés, puisque « sur sa demande, la procédure suivie peut être recommencée ».

Le législateur suppose que l'inculpé a trouvé devant la juridiction étrangère, tant au point de vue de l'instruction que de la libre défense, toutes les garanties désirables ; mais il peut y avoir eu excès de sévérité ou erreur, aussi autorise-t-il une nouvelle procédure.

Telle est avec des variantes locales dans l'organisation, mais un fond commun dans la notion, l'action en déchéance que sanctionnent quelques législations positives de l'Europe.

Ne serait-il pas possible d'étendre encore plus loin ses effets ?

Nous avons constaté qu'en appliquant au condamné les incapacités qu'il eût encourues dans sa patrie s'il y avait délinqué, la société ne poursuivait pas le but tout platonique de constater son indignité ; elle faisait aussi, et à bon droit, œuvre de préservation sociale. Cette œuvre est-elle dûment accomplie lorsque le coupable aura été privé de ses droits politiques, de certains droits professionnels et de famille ? La protection est, croyons-nous, insuffisante, si on n'y ajoute certaines précautions spéciales telles que la surveillance de la haute police, l'interdiction de certains séjours.

Ces mesures sont édictées, en général, contre les individus particulièrement dangereux ou qui ont déjà été condamnés pour faits graves.

Pourquoi l'action en déchéance n'étendrait-elle pas son pouvoir à toutes les dispositions préventives en usage dans la patrie du délinquant, « si la surveillance de la haute police ou l'interdiction de certains séjours sont utiles à la société contre un criminel libéré, il est indifférent qu'il ait commis son crime, comparu devant des juges, accompli son temps de réclusion sur ce territoire ou sur tel autre » (1).

L'idée n'est d'ailleurs pas étrangère à la pratique, elle a dicté l'article 7 du projet de Code pénal russe. Un sujet russe est condamné à l'extérieur et y subit sa peine. Les tribunaux russes à son retour le privent de ses droits civiques et le renvoient sous la surveillance de la police et même dans certains cas réservés, lorsqu'il s'agit, dit l'Exposé des motifs, de faits attentatoires à la personne de l'Empereur, prononcent contre lui la déportation (2).

On peut souhaiter de voir se généraliser l'innovation de la loi russe. Les tribunaux, en prononçant les pénalités accessoires en vertu de la condamnation encourue à l'étranger, statueraient du même coup sur les mesures de protection sociale. Une même procédure embrasserait toutes les dispositions préventives.

Nous avons examiné jusqu'ici le cas où la personne frappée par une condamnation étrangère était un national. Supposons maintenant qu'il s'agit d'un étranger.

Tout d'abord deux observations :

A l'égard des droits politiques, la question ne se pose pas, puisque l'étranger par sa seule qualité en est exclu.

De plus, il faut remarquer que l'autorité n'est pas

____

(1) Le Poittevin, *Rapport cité*, p. 9.

(2) Albert Desjardins, C. p. russe. Projet de la commission de Rédaction, *Rev. crit.*, 1884, p. 402.

désarmée. Si la présence de l'individu condamné constitue une menace réelle pour la tranquillité et la sécurité
publiques, il sera loisible de prendre contre lui un arrêté d'expulsion. Cependant cette mesure, quoique légitime, pourra, dans bien des cas, paraître trop rigoureuse.

Supposons qu'on n'y ait pas eu recours. Il faudra
qu'une condamnation intervienne pour priver l'étranger
de ceux des droits qu'il lui est permis d'exercer (droits
de famille, droits civils, exercice de certaines professions). Ici encore l'action en déchéance s'imposera, mais
pour déterminer son rôle, il convient de faire une distinction.

1° La condamnation pénale d'où dérive une incapacité a été prononcée par les tribunaux de la patrie du
délinquant, c'est-à-dire selon sa loi nationale.

Dans ce cas, certains auteurs décident que les déchéances font désormais partie de son statut personnel
et le suivent en tout pays, en tant qu'elles ne sont pas
contraires à l'ordre public (1).

On admet, disent-ils, que toute personne est, quant à
son état et à sa capacité, régie, même si elle réside à
l'étranger, par sa loi personnelle.

Si l'incapacité est prononcée directement par la loi
d'origine, on n'hésiterait pas à la déclarer exécutoire

______

(1) En ce qui touche les jugements civils relatifs à l'état ou à la capacité d'un étranger on admet généralement qu'ils produisent effet de
plein droit en France. Cass., 23 février 1860 (S. 1860.I.210) ; Cass.,
6 juillet 1868 (S. 1868.I.325). V. Aubry et Rau, t. VIII, § 769 *ter*.

en tout lieu, pourquoi en serait-il autrement dans notre
hypothèse ? L'incapacité résulte de cette loi d'une façon
moins immédiate, il est vrai, mais elle n'en découle pas
moins, puisque le tribunal étranger ne fait qu'interpréter ses dispositions (1). « La loi en vertu de laquelle le
Français a été condamné, dit à ce sujet M. Weiss (2), a
action sur lui, non seulement à raison du droit de police
qui appartient à l'Etat français sur tous ceux qui se
trouvent en France, mais encore à raison de sa nationalité. Elle est pour lui une loi personnelle et les restrictions qu'elle apporte par le ministère des tribunaux
chargés de l'interpréter, à sa capacité, doivent le suivre
partout hors de France comme le fait la loi qui fixe sa
majorité, comme le fait le jugement civil qui prononce
son interdiction (3). »

Si l'on adopte cette théorie, les incapacités étant
reconnues de plein droit, l'utilité de notre action en
déchéance apparaîtra seulement s'il convient d'ajouter
à celles déjà encourues, d'autres déchéances supplé-
mentaires que l'Etat où le délinquant a fixé sa résidence
a pu édicter dans son propre intérêt.

Cette solution est vivement contestée et à bon droit,
croyons-nous. La plupart des auteurs estiment qu'on

(1) Cf. Demangeat, *Histoire de la condition des étrangers*, 375-376.
(2) *Traité élém. de droit intern. privé*, p. 621.
(3) En ce sens : Berthauld, *Cours de droit pénal*, p. 457, note 2 ;
Brocher, *Revue de droit international*, 1871, p. 439 ; Deloume, *Principes généraux du droit intern. en matière crim.*, p. 124 ; Heffter, *Droit
int. de l'Europe*, p. 73.

ne peut assimiler la modification apportée à la capacité
d'un délinquant par un jugement criminel, à celle qui
résulte d'un jugement civil relatif à l'état ou à la capacité. La privation et la suspension de certains droits
dérivant d'une condamnation pénale sont elles-mêmes
des peines ; leur donner un effet extraterritorial, serait
aller à l'encontre du principe que les pénalités et les
décisions des tribunaux répressifs ne peuvent être exé-
cutées hors des frontières de la souveraineté au nom de
laquelle elles ont été rendues (1).

Si l'on se range à cette manière de voir, il faudra
recourir à la procédure que nous avons étudiée, à l'effet
d'ôter au condamné l'exercice de droits dangereux en
son pouvoir.

2° La condamnation qui frappe l'étranger n'émane
pas d'une juridiction de sa patrie.

On ne peut plus faire intervenir ici le principe de la
personnalité des statuts relatifs à l'état et à la capacité
des personnes. D'autre part la sentence étrangère ne
saurait produire effet hors du territoire où elle a été
prononcée. La situation est la même que s'il s'agissait
d'un national. La solution doit donc être semblable. La
procédure en déchéance trouvera encore ici sa place.

(1) Martens, *Droit des gens*, liv. III, chap. III, § 104 ; Klüber, *Droit
des gens*, 1ʳᵉ part., tit. I, chap. IV, §§ 64 et 65 ; Wheaton, *Elém. de dr.
intern.*, t. I, p. 140, § 22 ; Bard, *Précis de dr. intern.*, n° 92 ; Toullier,
t. IV, p. 102 ; Valette sur Proudhon, t. I, p. 136, note 2 ; Fœlix, *Droit
intern. privé*, n° 566 ; Demolombe, t. I, p. 198 ; Garraud, *op. cit.*,
p. 149 ; Cour de Paris, 16 janvier 1836, S. 1836, II, p. 70 (Aff. de l'interdiction du duc de Brunswick).

La tendance actuelle de la science du droit criminel est d'accepter les incapacités résultant d'une sentence étrangère hors du pays où elle a été rendue, tout en ménageant par une procédure appropriée le contrôle des tribunaux de la nation intéressée.

Outre les sanctions accessoires expresses ou tacites, toute condamnation contient, pour le cas où le coupable viendrait à commettre, sous certaines conditions, une nouvelle infraction, une menace d'aggravation de peine.

Nous allons maintenant examiner, à ce point de vue, l'effet d'une sentence étrangère.

Une condamnation prononcée hors du territoire pourra-t-elle servir de base à l'augmentation de peine à raison de la récidive ?

L'état de récidive est la situation d'un individu qui, ayant déjà été condamné, se rend coupable d'un nouveau délit.

La persistance que le prévenu met à faire le mal est l'indice d'une perversité plus grande qui nécessite un redoublement de sévérité.

Si c'est l'intention arrêtée de faire le mal qu'on veut atteindre, qu'importe la circonstance que les deux actes ont été accomplis sur des territoires différents. Le fait que la première infraction a été consommée à l'étranger ne diminue en rien le péril social.

L'équité s'accorde ici avec l'intérêt pour commander la rigueur. Ne sera-t-il pas injuste de considérer comme délinquant primaire un malfaiteur d'habitude, de lui permettre légalement de bénéficier du sursis lorsque la législation locale l'admet, alors que, dans les mêmes conditions, un autre individu encourra de dures pénalités, parce qu'il aura manifesté son activité dangereuse toujours sur le même territoire.

Mais une complication naît du principe que nous avons déjà rencontré. L'aggravation de peine est un effet dérivant de la sentence étrangère, or il est contraire à l'indépendance des souverainetés qu'un jugement étranger ait force obligatoire à l'encontre des tribunaux d'un autre Etat.

A la même objection, nous ferons la même réponse.

Pas plus que tout à l'heure, au sujet des pénalités accessoires, il n'est question de sanctionner de plein droit une décision rendue hors du territoire ; il ne s'agit pas ici de contraindre des tribunaux à augmenter la peine par suite de l'existence de cette décision, mais d'adopter une disposition conçue dans le sens de l'article 15 des résolutions de l'Institut de droit international (session de Munich), qui ménagerait tous les scrupules. Ce texte est ainsi rédigé :

« L'aggravation de la peine à raison de récidive, quand la condamnation antérieure est émanée d'un tribunal étranger, ne peut être appliquée qu'après examen préalable de l'infraction antérieure. Cependant, selon l'avis du tribunal, le dossier de l'instruction étrangère pourra suffire. Le tribunal, vu les circonstances et les doutes

soulevés, pourra écarter souverainement l'aggravation
à raison de récidive. »

Les juges seraient mis à même d'évaluer la gravité
du premier terme et par conséquent d'en tenir compte
ou de n'en pas faire état. Il y aurait une appréciation
nouvelle de la culpabilité du condamné. On remédierait
ainsi à la méfiance qui accompagne toujours un jugement étranger, surtout quand il est rendu contre un
national, en accordant au délinquant toutes les garanties d'une bonne justice.

Voici écarté l'argument principal des adversaires de
notre théorie, il nous reste à examiner une autre objection tirée de considérations pratiques.

La diversité des législations en matière de récidive
amènera, prétend-on, des difficultés sans nombre, quand
du droit abstrait, on voudra passer à l'application.

Certains Codes n'admettent la récidive que si les deux
infractions sont de même nature (crime à crime, délit
à délit), d'autres au contraire, la considèrent comme une
cause générale d'aggravation, quelle que soit la nature
de l'infraction, d'autres enfin n'édictent une aggravation
de peine que dans certaines hypothèses déterminées.

Il y a là sans doute un obstacle embarrassant, mais
ne peut-on essayer de le surmonter ?

Un premier moyen se présente. Nous avons vu que
l'Institut de droit international avait tenté d'organiser
l'application de notre système, en exigeant l'examen
préalable de l'infraction jugée à l'étranger. « Si l'on en-

tend donner, dit M. Le Poittevin, à cet examen toute
l'ampleur dont il est susceptible, les juges du deuxième
fait incriminé pourraient donc calculer quelle eût été,
suivant leur propre législation, la peine encourue pour
la première infraction, ils la prononceraient en quelque
sorte fictivement pour en déduire aussitôt la conséquence au point de vue de la récidive (1). »

A défaut de ce procédé, ne pourrait-on pas dresser un
tableau d'équivalence entre les pénalités adoptées dans
les différents régimes pénitentiaires en vigueur. De cette
façon, il serait possible d'apprécier avec justesse la gravité de la première infraction.

D'ailleurs, sans chercher à établir des concordances
toujours un peu factices entre des distinctions souvent
très complexes, pourquoi ne pas généraliser la disposition très simple de l'avant-projet de Code pénal suisse
(art. 39).

« La peine doit dépasser la moyenne lorsque le délinquant, dans les cinq ans qui précèdent le délit, a subi
en Suisse ou à l'étranger, une peine privative de liberté
pour délit commun et lorsqu'il n'y a pas de motif légal
d'adoucissement. »

Si l'on préférait ne pas admettre l'aggravation de
peine d'une manière générale, on pourrait se contenter
d'une disposition dans le sens de l'article 96 du Code
pénal du canton de Neuchâtel, ne tenir compte de la

____

(1) Rapport cité, p. 12.

condamnation étrangère qu'autant qu'elle émanera des tribunaux d'un pays avec lequel la Suisse est liée par un traité d'extradition.

Il ne faut donc pas exagérer la portée de l'objection qu'on nous oppose ; nous n'avons voulu ici que fixer le principe. Au législateur d'étudier, dans chaque nation, le moyen de le mettre en harmonie avec les règles de la récidive établies par le Code local.

Remarquons qu'à titre transitoire, l'action en déchéance fournirait une solution à notre difficulté. Si elle est venue sanctionner les incapacités qui résultent de la sentence extraterritoriale, on se trouvera en présence d'une condamnation prononcée par la justice nationale qui pourra servir de premier terme à la récidive.

Du reste, s'il est une matière où des mesures d'assistance entre Etats seraient fécondes en résultats pratiques, c'est bien celle des actions en déchéance et de la répression des récidivistes. La constitution d'un service d'informations fournissant avec rapidité des renseignements exacts est affaire de conventions de nation à nation. En y joignant l'adoption générale du service anthropométrique, on préparerait l'élaboration du casier judiciaire international, permettant de suivre partout le délinquant d'habitude, en notant les diverses stations par lui accomplies devant les tribunaux des différents pays.

TROISIÈME PARTIE

LÉGISLATION FRANÇAISE.

L'étude théorique que nous avons présentée de la
question des délits commis à l'étranger, l'examen critique des solutions données par les législations positives
aux difficultés qu'elle soulève, vont abréger notre tâche
et nous permettre de mieux juger les dispositions de la
loi française qu'il est temps à présent d'aborder.

Nous avons par ailleurs rapporté les tentatives de
réforme de 1843, 1845 et 1852 ; les nombreuses discussions dont elles avaient été la cause au sein des assem-
blées, les travaux des criminalistes qu'elles avaient
inspirés avaient préparé le terrain et aplani les difficultés.

En 1865 le projet fut présenté par le gouvernement.
Il vint devant le Corps législatif le 31 mai 1866 et, plus
heureux que ses devanciers, fut voté le même jour, après
avoir subi, de la part de la Commission et du Conseil
d'Etat, plusieurs modifications.

C'est la loi du 27 juin 1866 dont l'article 1er a été
substitué aux articles 5, 6 et 7 du Code d'instruction
criminelle.

Il est permis de s'étonner de ce qu'on ait jugé à propos de placer ces dispositions au milieu de règles de procédure. Il semble bien que la détermination des cas et des circonstances où un fait est punissable à raison du pays dans lequel il a été commis et de la nationalité de son auteur, touche le fond du droit. Comme telle, cette matière devait être traitée dans le Code pénal. Le législateur de 1808 avait encouru le même reproche.

Voici quels sont les termes de notre loi :

ART. 1er. — « Les articles 5, 6, 7 et 187 du Code d'instruction criminelle sont abrogés et seront remplacés ainsi qu'il suit :

ART. 5. — Tout Français qui, hors du territoire de la France, s'est rendu coupable d'un crime puni par la loi française peut être poursuivi et jugé en France.

Tout Français qui, hors du territoire de la France, s'est rendu coupable d'un fait qualifié de délit par la loi française, peut être poursuivi et jugé en France si le fait est puni par la législation du pays où il a été commis.

Toutefois, qu'il s'agisse d'un crime ou d'un délit, aucune poursuite n'a lieu si l'inculpé prouve qu'il a été définitivement jugé à l'étranger.

En cas de délit commis contre un particulier français ou étranger, la poursuite ne peut être intentée qu'à la requête du ministère public ; elle doit être précédée d'une plainte de la partie offensée ou d'une dénonciation officielle à l'autorité française par l'autorité du pays où le délit a été commis ; aucune poursuite n'a lieu avant le retour de l'inculpé, si ce n'est pour les crimes énoncés en l'article 7, ci-après.

Art. 6. — La poursuite est intentée à la requête du ministère public du lieu où réside le prévenu, ou du lieu où il peut être retrouvé ; néanmoins la Cour de cassation peut, sur la demande du ministère public ou des parties, renvoyer la connaissance de l'affaire devant une Cour ou un tribunal plus voisin du lieu du crime ou du délit.

Art. 7. — Tout étranger qui, hors du territoire de la France, se sera rendu coupable, soit comme auteur, soit comme complice d'un crime attentatoire à la sûreté de l'Etat, ou de contrefaçon du sceau de l'Etat, de monnaies nationales ayant cours, de papiers nationaux, de billets de banque autorisés par la loi pourra être poursuivi et jugé d'après les dispositions des lois françaises, s'il est arrêté en France ou si le gouvernement obtient son extradition. »

La répression des infractions extraterritoriales est assurée dans une assez large mesure. Si nous comparons les textes nouveaux à ceux de 1808, nous voyons que la compétence des tribunaux français est plus étendue qu'elle ne l'était alors. Sous l'empire du Code d'instruction criminelle, on ne pouvait atteindre que le crime commis contre un Français ; aujourd'hui, sont punissables non seulement les crimes dont la victime est française ou étrangère, mais encore les délits sous

certaines conditions. La loi réalise ainsi un progrès sur
le projet de 1843 qui ne s'occupait que des crimes commis contre les particuliers, soit français, soit étrangers,
et des délits commis contre des français ; le délit qui
avait lésé un étranger n'était alors réprimé que sous
réserve de conventions diplomatiques. Nos dispositions
sont moins rigoureuses par contre que celles du projet
de 1852. Ce dernier consacrait, en faveur de nos tribunaux, le droit de punir l'étranger qui avait commis un
crime sur la personne d'un de nos nationaux.

Il nous reste à indiquer, pour terminer ces observations préliminaires, le fondement que le législateur de
1866 a entendu donner à la poursuite des infractions
extraterritoriales. Les débats nous fournissent, à ce
point de vue, des renseignements précieux. M. Emile
Ollivier, dans le discours qu'il prononça au Corps législatif au cours de la discussion, l'a fait nettement ressortir. « Lorsqu'on recherche si un Etat a ou n'a pas le
droit de punir dans une circonstance déterminée, il
faut se demander d'abord : l'acte considéré en lui-même
est-il contraire à la justice ? Si l'acte n'est pas contraire
à la justice, il échappe à la répression. S'il est contraire
à la justice, il n'est pas par cela même soumis à la répression, car le jurisconsulte ne doit pas s'arroger le
pouvoir du prêtre et le droit ne peut se confondre avec
la morale. Les actes contraires à la justice doivent
échapper à la répression de la loi pénale, toutes les fois
qu'ils ne compromettent pas la sécurité sociale et qu'ils

ne provoquent pas de la part de la société l'exercice du droit de légitime défense » et plus loin : « L'acte que j'examine a été commis en territoire étranger. Que m'importe ! je ne m'en inquiète pas. Est-il contraire à la justice ? Porte-t-il atteinte à l'intérêt social ? Je le punis, sinon je l'absous. »

Ainsi, c'est à la doctrine de la pénalité fondée sur la justice morale, limitée par l'utilité sociale, que les rédacteurs de la loi ont entendu se ranger.

Voyons quelles conséquences ils en ont tirées.

Nous diviserons notre examen de la loi du 27 juin 1866, en trois sections.

La première sera consacrée à la répression des infractions contre la chose publique.

La seconde aux infractions d'ordre privé.

La troisième traitera de la compétence relative à la poursuite et à la juridiction.

SECTION I

INFRACTIONS CONTRE LA CHOSE PUBLIQUE.

Tous les criminalistes sont d'accord pour décider que l'Etat a le pouvoir absolu de prévenir toutes les attaques qui le visent directement. Ce droit, il faut le reconnaître, non seulement à l'égard des infractions contre son organisation politique, mais aussi contre celles qui portent atteinte à l'ordre économique établi. La nation offensée doit prononcer la peine, les autres n'y ayant qu'un intérêt accessoire.

La loi de 1866 applique ces principes, en permettant, dans ces différents cas, de poursuivre le coupable national ou étranger. Elle ne les traite pourtant pas sur le même pied d'égalité et a institué dans la détermination des faits punissables et les conditions de la poursuite, certaines différences, selon que l'auteur est ou non Français. Aussi examinerons-nous séparément les deux cas.

L'auteur est Français.

C'est l'article 5 qui est ici applicable, les infractions contre la chose publique rentrant dans la formule qui embrasse aussi les faits d'ordre privé.

Art. 5. — Tout Français qui, hors de France, s'est rendu coupable d'un crime puni par la loi française peut être poursuivi et jugé en France.....

Tout Français qui, hors de France, s'est rendu coupable d'un fait qualifié délit par la loi française, peut être poursuivi et jugé en France si le fait est puni par la législation du pays où il a été commis.....

Tout crime contre l'Etat français et sa fortune peut donc être l'objet d'une poursuite. Il fut question pendant la discussion de notre texte d'exclure formellement les crimes politiques; MM. Picard et Jules Favre déposèrent et développèrent un amendement en ce sens. Leur proposition fut repoussée par la Commission et le Corps législatif.

Le nouvel article 5 est plus compréhensif que l'ancien. Le Code de 1808, nous l'avons vu, n'atteignait que certains de ces crimes limitativement énumérés, ceux qui n'étaient pas spécifiés restaient par conséquent impunis (1).

Quant au mode de la poursuite, il est le même ; l'expression « peut être poursuivi et jugé », laisse avec raison au ministère public la faculté d'agir ou de s'abstenir.

Il ne peut évidemment être ici question que des attentats contre l'Etat français, on ne saurait lui assimiler

______

(1) La répression est étendue à ceux des crimes prévus par les chapitres II et III du titre I du livre III du Code pénal qui peuvent être commis à l'étranger.

un Etat étranger. Par suite, il ne suffira pas qu'un acte dirigé contre une autre puissance, soit considéré par notre législation comme un crime, quand il vise notre gouvernement, pour autoriser des poursuites en France. Nos lois n'ont pas pour mission de protéger des souverainetés étrangères.

Toutefois, si le fait considéré en lui-même, abstraction faite de la gravité supérieure qu'il emprunte, dans le pays où il a été commis, à certaines nécessités politiques, constitue, selon notre loi, un crime ou un délit ordinaires, il pourra être réprimé en France à titre d'infraction d'ordre privé (1).

Les délits contre la chose publique ne sont poursuivis qu'à la condition d'être prévus à la fois par la loi française et par la loi étrangère. L'acte incriminé comme délit doit être identique et non pas seulement similaire. On a insisté pendant la discussion devant le Corps législatif sur ce point. Répondant à une interruption à ce sujet, le vice-président du Conseil d'Etat disait : « C'est dans ce sens que l'article doit être compris, il ne peut pas l'être autrement. Il faut que le fait, pour être poursuivi en France, soit de nature à avoir pu être puni par la législation étrangère. »

La restriction apportée par le législateur a pour ré-

(1) Ainsi l'attentat contre la vie du chef de l'Etat qui, s'il avait eu lieu en France, tomberait sous le coup de l'article 86 du Code pénal et encourrait la peine du parricide ne sera puni, s'il a été commis sur la personne d'un souverain étranger, à l'étranger, que des peines portées par l'article 304 du Code pénal.

sultat de réduire, d'une façon très notable, le nombre
des délits contre la chose publique qui pourront être
punis. Ainsi les délits politiques, de presse et de police
générale ne seront ordinairement pas atteints, car le
plus grand nombre d'entre eux ne se trouvent pas réprimés par la législation étrangère.

M. Lubonis, président de la Commission, en faisait la
remarque, en répondant aux orateurs de l'opposition
qui soupçonnaient et accusaient le gouvernement de
n'obéir, en proposant la loi, qu'au désir de se procurer
une arme contre la liberté de la parole et de la pensée
et voulaient exclure formellement les délits politiques :
« D'après l'article 5, § 2, disait-il, le délit commis à l'é-
tranger n'est puni en France que si le fait lui-même est
prévu par la loi du lieu où il est commis. Ainsi, pour
qu'un délit de presse commis en Belgique contre le
gouvernement français, fût puni en France, il faudrait
que la loi belge punisse le délit de presse contre le gouvernement français commis sur son territoire. Or pres-
que jamais une loi ne prévoit les délits de presse visant
une souveraineté étrangère ou l'excitation à la haine et
au mépris de ce gouvernement et autres faits de cette
nature. Donc notre loi sera très généralement impuis-
sante ; les plaintes de l'opposition ne sont donc guère
justifiées. »

Telle est la portée de l'article 5 quant aux faits visant
la chose publique.

A l'égard des actes qui attaquent la puissance financière de l'Etat français, il faut signaler une lacune dans cette législation. L'article 132 punit la contrefaçon de monnaies d'or et d'argent ayant cours légal en France, sans se préoccuper du lieu de leur fabrication ; au contraire, l'article 133 punit la contrefaçor, *faite en France*, de monnaies étrangères. Or les monnaies étrangères n'ont pas cours légal en France, par conséquent, si un Français fabrique à l'étranger de fausses monnaies étrangères, il ne peut être poursuivi de ce chef dans sa patrie (1). Si elles n'ont pas chez nous cours légal, les monnaies des nations faisant partie de l'Union n'en ont pas moins un cours de fait et même un cours officiel, puisque les caisses publiques doivent les accepter ; leur contrefaçon cause donc à l'Etat français le même préjudice que celle des monnaies nationales. Il est actuellement impuissant à la réprimer. Il suffirait, pour qu'il en fût autrement, de retoucher l'article 133 du Code pénal en effaçant les mots « *faite en France* » (2).

Le dernier paragraphe de l'article 5 établit une règle spéciale relative au mode de poursuite, lorsqu'il s'agit d'actes attentatoires à la sûreté et au crédit de l'Etat français. Il dispose : « Aucune poursuite n'a lieu avant le retour de l'inculpé en France, si ce n'est pour les crimes énoncés en l'article 7 ci-après. »

____

(1) Cass., 19 août 1883, *Journ. de dr. int. privé*, 1384, p. 186.

(2) Il fut question en 1885, lors du renouvellement de l'Union, de donner aux monnaies des puissances contractantes, cours légal en France. C'eût été une façon détournée d'atteindre le même but.

Pour ceux des crimes que prévoit l'article 7, le Français pourra être jugé par contumace. La condamnation ne sera pas entièrement dépourvue de sanction. S'il n'est pas possible de l'exécuter sur la personne même du coupable, elle l'atteindra du moins dans ses droits civils et politiques et dans ses biens situés en France (1).

Hormis ces crimes déterminés, les autres infractions contre la chose publique ne pourront être poursuivies qu'après le retour de leur auteur.

L'auteur est étranger.

Les mêmes considérations qui justifient la poursuite du Français, légitiment celle de l'étranger. La nationalité de l'agent est indifférente, puisque l'Etat, menacé dans sa sûreté ou sa fortune, ne fait qu'user du droit de légitime défense. Aussi les étrangers peuvent-ils être punis par nos tribunaux pour les infractions de cette nature dont ils se sont rendus coupables.

La loi voit pourtant dans leur qualité même, le motif d'une moindre rigueur et n'atteint, dans ce cas, que certains crimes contre la chose publique.

C'est l'article 7 qui règle cette matière :

ART. 7. — Tout étranger qui, hors de France, se sera rendu coupable soit comme auteur, soit comme complice, d'un crime attentatoire à la sûreté de l'Etat

____

(1) Ortolan, *Elém. de droit pénal*, p. 360.

ou de contrefaçon du sceau de l'Etat, de monnaies nationales ayant cours, de papiers nationaux, de billets de banque autorisés par la loi, pourra être poursuivi et jugé d'après les dispositions des lois françaises.

Si l'on rapproche ce texte des articles 5 et 6 du Code de 1808, on constate que la situation de l'étranger est la même que sous la précédente législation.

Deux ordres de faits sont punissables :

Les crimes attentatoires à la sûreté de l'Etat ;

Les crimes contre la fortune publique.

Les premiers sont prévus par le chapitre I (sections I et II du titre I du livre III du Code pénal). De ces dispositions, il faut excepter les actes qualifiés délits, puisque notre article déclare n'atteindre que les crimes.

Faisons aussi remarquer que l'étranger ne doit pas être poursuivi sans distinction, à raison de tous les faits que la loi a réputés crimes contre la sûreté de l'Etat. La criminalité de certains d'entre eux est parfois nécessairement modifiée à son égard. Plusieurs actes réprimés par notre Code pénal, constitueraient, s'ils étaient commis par un étranger dont le pays est en lutte avec la France, de simples actes d'hostilité autorisés par l'état de guerre. En les accomplissant l'étranger remplit un devoir. Il ne devrait donc rendre compte de ses actions qu'autant qu'il aurait outrepassé les règles du droit des gens, en commettant des crimes qu'on ne peut tolérer même entre ennemis (assassinat du souverain, complot tendant au renversement du gouvernement).

Crimes contre la fortune publique. — Sous cette rubrique, il faut ranger la contrefaçon de monnaies nationales ayant cours, de papiers nationaux, de billets de banque autorisés par la loi. Ces crimes sont prévus par les articles 132 et 139 du Code pénal.

Quant au mode de la poursuite des infractions contre la chose publique, l'article 7 dit qu'elle sera exercée contre les étrangers « qui seraient arrêtés en France ou dont le gouvernement obtiendra l'extradition ».

Notons que l'extradition sera d'un usage peu fréquent, car la France qui s'interdit de la demander pour fait politique, même lorsque l'acte a été commis sur son territoire, s'abstiendra, à plus forte raison, si le crime a eu lieu à l'étranger.

La disposition ne trouvera donc guère son application que pour les crimes contre le crédit de l'Etat, pourvu toutefois que l'auteur ne se soit pas réfugié dans sa patrie, car il y serait protégé par la règle qu'un Etat ne livre pas ses nationaux.

Pour terminer l'étude de la loi de 1866 en ce qui concerne les attentats contre la sûreté et le crédit de l'Etat, il nous reste à élucider un point. Nous avons discuté plus haut en droit abstrait la question de savoir si la puissance visée personnellement par une infraction devait s'arrêter devant un jugement étranger statuant sur le fait. Nous nous sommes rangés, on s'en souvient, du côté de la négative. Quelle est, sur cette difficulté, la solution de la loi française ?

L'hypothèse n'y est pas prévue d'une façon formelle ; c'est donc au paragraphe 3 de l'article 4 qu'il faut nous reporter. Statuant sur le cas où l'inculpé est français, ce texte interdit d'une manière générale, pour toute infraction, sans distinction, une reprise de poursuites, lorsqu'une décision judiciaire est intervenue à l'étranger.

Force nous est de le déclarer applicable au cas où il s'agit d'un fait intéressant la chose publique.

Nous pensons que la même solution devra être consacrée au cas où le coupable est étranger. On l'a contesté en se fondant sur le silence de la loi à ce sujet dans l'article 7. Or ce silence, le législateur lui-même l'a interprété. Lors de la discussion au Conseil d'Etat des articles 5 et 6 du Code de 1808, dont l'article 7 actuel ne fait que reproduire les termes, il a été dit : « pour que l'étranger puisse être jugé en France, il faut être maître de sa personne, il faut aussi qu'il n'ait pas été jugé dans le pays où il a commis le délit. »

De plus, nous ne voyons pas pourquoi on traiterait l'étranger plus rigoureusement que le Français. Du reste, s'il subsistait quelque doute, les paroles du rapporteur de la loi au Sénat viendraient les dissiper. « La seule différence entre le Français et l'étranger, dit M. Bonjean, est que, si le premier ne rentre pas en France, il peut néanmoins être jugé par contumace, tandis que le second ne peut être poursuivi et jugé que s'il est arrêté sur notre sol, ou si le gouvernement en a obtenu l'extradition (1). »

Dans un ordre d'idées analogue à celui qui vient de nous occuper, la France punit des infractions locales commises par un de ses nationaux, non plus contre son propre crédit, mais contre celui d'une puissance étrangère.

Il s'agit de délits spéciaux qui sont prévus par l'article 2 de la loi du 27 juin 1866 qui n'a pas été incorporé dans le Code d'instruction criminelle. Le voici.

« Tout Français qui s'est rendu coupable de délits et contraventions en matière forestière, rurale, de pêche, de douane ou de contributions indirectes sur le territoire de l'un des Etats limitrophes, peut être poursuivi et jugé en France, d'après la loi française, si cet Etat autorise la poursuite de ses régnicoles pour les mêmes faits commis en France. La réciprocité sera légalement constatée par des conventions internationales et par un décret publié au *Bulletin des lois*. »

Ce n'est pas que ces actes atteignent les intérêts de la France, ils ne lèsent au contraire que ceux de la nation sur le territoire de laquelle ils ont été commis. Mais, comme ils se reproduisent fréquemment, la proximité de la frontière favorisant la fuite du malfaiteur, les Etats voisins se rendent le service de punir

____

(1) *Sic* : Le Sellyer, *op. cit.*, t. VI, p. 597 ; Faustin-Hélie, t. II, p. 145 ; Garraud, *Tr. de dr. pén. franç.*, p. 155. — *Contra* : Laborde, *C. élém. du dr. crim.*, n° 95.

respectivement ceux de leurs nationaux qui s'en rendent coupables.

L'article 2 subordonne la répression de ces infractions à deux règles spéciales. Il faut que l'acte ait été commis dans un pays limitrophe. Il est nécessaire que cette nation poursuive ses sujets pour les mêmes faits, commis en France et que c ette réciprocité soit officiellement constatée au *Bulletin des lois.*

Notre disposition exige aussi certaines des conditions dont nous aurons à parler plus loin à propos des infractions d'ordre privé . L'inculpé doit être Français (tout Français qui s'est rendu coupable). Le retour est exigé (peut être poursuivi et jugé en France). Le fait doit être prévu et puni par notre loi (d'après la loi française). Il faut évidemment sous-entendre qu'un jugement étrangers, tatuant sur le fait, constituera une fin de non-recevoir de la poursuite en France.

Voici les plus récentes de ces conventions intervenues entre la France et les pays limitrophes en cette matière :

Convention du 18 février 1886 avec l'Espagne (pêche dans la Bidassoa).

Convention du 6 août 1885 avec la Belgique (délits de chasse).

Convention du 9 juillet 1884 avec l'Italie (propriété littéraire).

Convention du 31 octobre 1884 avec la Suisse (délits de chasse).

Convention du 23 février 1882 avec la Suisse (propriété littéraire et délits forestiers).

SECTION II

INFRACTIONS CONTRE LES PARTICULIERS.

L'auteur est Français.

La loi de 1866 punit le Français qui a commis à l'étranger une infraction grave contre un particulier.

C'est l'article 5 qui détermine les faits punissables et les conditions de la poursuite.

ART. 5. — Tout Français qui, hors du territoire de la France, s'est rendu coupable d'un crime puni par la loi française, peut être poursuivi et jugé en France.

Tout Français qui, hors du territoire de la France. s'est rendu coupable d'un fait qualifié de délit par la loi française, peut être poursuivi et jugé en France, si le fait est puni par la législation du pays où il a été commis.

Toutefois, qu'il s'agisse d'un crime ou d'un délit, aucune poursuite n'a lieu si l'inculpé prouve qu'il a été jugé définitivement à l'étranger.

En cas de délit commis contre un particulier français ou étranger, la poursuite ne peut être intentée à la requête du ministère public ; elle doit être précédée d'une plainte de la partie offensée ou d'une dénonciation officielle à l'autorité du pays où le délit a été commis ;

aucune poursuite n'a lieu avant le retour de l'inculpé si ce n'est pour les crimes énoncés en l'article 7 ci-après.

Nous distinguerons, comme le fait notre texte, selon que le fait incriminé constitue un crime ou seulement un délit.

L'infraction constitue un crime.

Tout acte qualifié crime par la loi française est punissable, que la victime soit un national ou un étranger. L'importance de l'infraction explique la nécessité d'une répression.

L'initiative de l'exercice de l'action publique est abandonnée à l'intelligence et à la discrétion des magistrats. La loi s'en rapporte à leur prudence. La difficulté de rassembler les preuves exige cette liberté.

Les conditions requises pour la répression sont au nombre de quatre :

L'infraction doit être punie par la loi française ;

L'inculpé doit être français ;

L'inculpé ne doit pas avoir été jugé définitivement à l'étranger.

L'inculpé doit être de retour en France.

1re CONDITION. — *L'infraction doit être punie par la loi française.*

Ce qui constitue le trouble sur notre territoire, ce n'est pas la transgression d'une disposition étrangère, mais la violation de notre loi. Il s'ensuit que c'est elle seule qui doit être appliquée, tant en ce qui concerne la procédure et l'instruction qu'en ce qui regarde la prescription de l'action publique, les causes d'interruption et de suspension. La peine que nos magistrats devront prononcer est celle qu'édicte notre Code pénal. Peu importe que la condamnation encourue pour le même fait d'après la législation étrangère eût été plus sévère ou plus douce. Dans ce dernier cas, les tribunaux français pourront, s'ils le jugent à propos, tenir compte de cette indulgence soit en usant de la faculté de se mouvoir entre le maximum et le minimum, soit par l'application des circonstances atténuantes, si la chose est possible.

Rappelons que certains Codes ont compris autrement leur mission et appliquent le système contraire, au cas où la disposition étrangère est plus clémente.

2ᵉ CONDITION. — *L'inculpé doit être Français.*

La question de la nationalité du coupable présente un grand intérêt dans toutes les législations. Toutes établissent une certaine différence, entre le cas où l'inculpé est national et celui où il est étranger. Cette distinction est surtout importante dans notre Code qui déclare n'atteindre en matière d'infractions extraterritoriales que les Français.

Que faudra-t-il décider lorsqu'un individu traduit devant notre justice, à raison d'un acte par lui commis en pays étranger, prétend qu'il n'est plus français parce qu'il a abdiqué ou perdu cette qualité et nie la compétence de nos tribunaux à son égard ?

Nous avons examiné cette hypothèse d'un changement de nationalité. C'est au moment où l'acte a été commis qu'il faut se placer pour déterminer la nationalité du délinquant ; peu importe donc que postérieurement, il soit devenu sujet d'une autre souveraineté ; il sera jugé comme national.

La même solution doit, à notre avis, être donnée au cas où l'individu a perdu sa qualité de français par le fait même de sa culpabilité, en portant par exemple les armes contre sa patrie (art. 21, C. civ. et 75, C. pén.) ou en faisant la traite des noirs (loi du 4 mars 1831). La déchéance résultant de l'infraction lui est postérieure. L'accusé était encore Français lorsqu'il l'a commise et par conséquent justiciable de la juridiction française.

Nous avons examiné aussi, en droit rationnel, l'hypothèse inverse. Pas plus que la précédente notre Code ne la prévoit. Dans le silence de la loi, que faudra-t-il décider si le coupable, étranger au moment du crime, a pu se faire naturaliser français ? Etranger au moment où il a agi, il ne pouvait être puni par notre loi, mais s'il était entré sur notre territoire, le gouvernement pouvait l'extrader ou tout au moins l'expulser. Par l'effet de sa nouvelle qualité, il est à l'abri de ces mesures qui ne s'appliquent pas aux nationaux. Nos autorités sont désarmées. On l'a soutenu. Nous pensons, pour notre part, que ce résultat est inadmissible et en attendant l'addition à tous les traités d'une formule destinée à corriger, dans ce cas, la rigueur du principe de non-extradition des nationaux, nous pensons qu'on peut, dès à présent, considérer la naturalisation comme frauduleuse et la déclarer non avenue. Pourquoi ménager un individu qui n'a acquis le titre de Français que pour le déshonorer et s'en faire un rempart contre la rigueur de la loi.

3° CONDITION. — *L'inculpé ne doit pas avoir été jugé définitivement à l'étranger.*

Cette condition est un hommage rendu à la souveraineté territoriale de la loi étrangère. La juridiction personnelle s'efface, les tribunaux du lieu où le crime a été commis étant non pas les seuls, du moins les premiers compétents à le punir, ce n'est qu'à défaut de leur action que les juges français saisissent le coupable encore impuni.

Nous sommes en présence d'une disposition exceptionnelle, car le principe de l'indépendance des souverainetés veut que les décisions judiciaires n'aient de valeur et de force exécutoire que sur le territoire où elles ont été rendues. La loi donne ici au jugement étranger le caractère de chose jugée, ce sont les expressions textuelles qu'emploie le rapporteur de la loi de 1866, en faisant ressortir dans quel esprit l'article a été rédigé.

Par conséquent quelle qu'ait été l'issue de la poursuite, que l'inculpé ait été acquitté ou absous, ou reconnu coupable et condamné, le jugement intervenu sera considéré désormais comme l'expression de la vérité et mettra obstacle à de nouvelles poursuites en France.

C'est au prévenu qu'il appartient de prouver l'existence de la sentence étrangère puisqu'il demande à profiter d'une exception (1).

La loi exige un jugement définitif. Que faut-il entendre par cette expression ?

Elle n'a pas ici le sens que lui donne la langue du droit en général, lorsqu'elle oppose le jugement définitif au jugement d'avant dire droit. Jugement définitif signifie, dans le paragraphe 3 de l'article 5, une sentence qui épuise l'action pénale, c'est-à-dire contre laquelle aucune voie de recours n'est plus possible ; nous en conclurons qu'une condamnation par défaut ou par contumace ne paralyserait pas l'action de la justice française tant que les délais requis pour former opposition ou purger la contumace ne seront pas expirés. Ainsi donc, il suffit que la sentence soit passée en force de chose jugée à l'étranger, pour mettre obstacle à une poursuite ultérieure. Telle est la portée de notre disposition.

Si nous nous rappelons les principes théoriques que nous avons développés, il faut bien reconnaître qu'elle est loin d'être satisfaisante.

____

(1) Cassation, 3 avril 1875, D. 1875, I, 150.

La fin de non-recevoir est très rationnelle si l'inculpé, déjà poursuivi à l'étranger, a été acquitté, mais, dans le cas voisin où il a bénéficié d'une sentence d'absolution, il semblerait bien logique de décider que la poursuite dût être reprise en France.

Voilà pour l'hypothèse où le Français a été définitivecament renvoyé de la poursuite.

Passons à celle où il a été frappé d'un arrêt irrévoble de condamnation.

Si le jugement a reçu exécution, il est équitable d'admettre que l'action publique est chez nous épuisée ; mais, si le condamné a pu s'échapper sans avoir subi sa peine ou après ne l'avoir accomplie qu'en partie, que va-t-il se passer ? C'est là qu'apparaît l'insuffisance de notre loi.

Le coupable, en effet, ne peut être livré à l'autorité étrangère, puisqu'un usage à peu près général veut qu'un pays ne livre pas ses nationaux. Il ne saurait être question d'appliquer la peine en France, puisqu'une décision étrangère ne peut être exécutée hors du territoire où elle a été prononcée. D'autre part, une nouvelle poursuite est impossible puisqu'on est en présence d'un jugement définitif. L'impunité est donc assurée au coupable assez habile ou heureux pour s'évader. La condamnation qui l'avait atteint est dépourvue de toute sanction (1).

(1) Le cas s'est présenté : Un Français avait été condamné, pour crime dans un pays étranger, aux travaux forcés à perpétuité. A la faveur

Ce fâcheux résultat paraît d'autant plus singulier que le projet de loi exigeait, de la part du prévenu, la preuve qu'il avait subi ou prescrit sa peine. Cette rédaction fut modifiée au cours de la discussion, sans qu'il soit possible d'en trouver le motif.

Le projet de révision de notre Code pénal, préparé par la Commission instituée près du ministère de la justice, vient combler cette lacune. Elle modifie ainsi l'article 4, § 3, du Code d'instruction criminelle : « Dans tous les cas, aucune poursuite n'a lieu si l'inculpé prouve qu'il a été jugé définitivement à l'étranger et qu'il a subi sa peine ou qu'il a obtenu sa grâce (1). »

Le paragraphe nouveau ne nous paraît pas à l'abri de toute critique. Il dépasse en effet le but en se montrant trop rigoureux dans l'hypothèse suivante : « Supposons en effet, remarque M. Le Poittevin, que le condamné ait déjà subi quand il rentre en France, une partie de sa peine, mais une partie seulement, sans qu'il y ait eu grâce accordée pour le surplus. La poursuite serait recevable devant nos tribunaux ; pour qu'il en fût autrement il faudrait que la peine eût été entièrement achevée ; tel est le sens évident de la règle proposée. Strictement aussi, le tribunal saisi du procès

d'une insurrection, il put s'évader et se réfugier sur un vaisseau de guerre français mouillé dans un port. Le commandant du navire ne crut pas devoir le livrer. Rentré en France, le malfaiteur ne put être inquiété. Renault, *Bull. de la Soc. de lég. comp.*, 1880, p. 401.

(1) Art. 5 du Projet de la Commission de révision du Code pénal (*Rev. pénit.*, 1893, p. 189).

devrait statuer comme s'il n'y avait pas déjà, dans un autre pays, condamnation définitive partiellement exécutée. Sans doute, en pareil cas, ou bien le ministère public, en fait, s'abstiendrait de poursuivre ; ou bien, en fait aussi, le juge atténuerait favorablement les rigueurs du droit strict ; ou même enfin, le Chef du pouvoir réduirait, par voie gracieuse la peine infligée, si, par son cumul avec le temps de détention subi hors de France, elle paraissait excessive. Ce sont des palliatifs utiles ; ce n'est plus le fonctionnement normal de l'action judiciaire. Il serait plus simple et plus juridique de compléter la formule par son corollaire logique : si l'inculpé prouve qu'il a subi une portion de sa peine à l'étranger, cette portion sera imputée sur la peine prononcée par les tribunaux français (1). »

Nous avons vu cette disposition admise par tous les Codes européens.

L'idée de cette imputation n'est pas étrangère en principe à la législation française qui l'a consacrée dans un cas assez voisin de celui qui nous occupe. La loi de 1892 permet en effet de diminuer de la durée de la peine le temps de la détention préventive. L'objection qu'on pourrait opposer à notre théorie, tirée de la différence de régime des peines et du défaut de concordance des pénalités, se présentait ici. On a passé outre. Il est donc permis d'espérer de voir introduire dans

____

(1) Le Poittevin, Des crimes ou délits commis par un Français à l'étranger. *J. du dr. int. privé*, 1894, p. 213.

notre droit un texte analogue, pour le cas où la détention aurait été subie à l'étranger, à la suite d'une condamnation.

L'article 5 indique le seul effet que puisse produire en France un jugement étranger. C'est de paralyser l'exercice de l'action publique. Il ne serait pas possible, par conséquent, de déclarer exécutoires chez nous, pas plus que les peines corporelles, les amendes et les confiscations, les incapacités résultant d'une décision de ce genre.

Aussi le Français condamné à l'étranger, protégé par une fin de non-recevoir contre l'action publique, va-t-il rentrer dans son pays avec la plénitude de ses droits. Dans l'état actuel de notre droit, on ne peut en décider autrement. La doctrine est ici d'accord avec la jurisprudence, pour déclarer que les sanctions accessoires ne sauraient produire effet hors du pays qui les a édictées.

Pourtant « il est triste de penser qu'un Français, condamné comme assassin en Belgique ou en Angleterre, pourrait réclamer et devrait obtenir son inscription sur la liste électorale en France » (1). Et ce n'est encore là qu'un des inconvénients qui résultent de l'imprévoyance de notre loi ; nos autorités seront dans l'obligation de laisser exercer au condamné des droits (notamment de famille), aussi dangereux en son pouvoir.

(1) Herold, *Droit électoral devant la Cour de cassation*, n. 26.

Cet état de choses appelle une intervention. Nous avons étudié le remède en législation. Voyons comment on pourrait l'adapter à notre Code.

Ce remède serait l'adoption d'une procédure en déchéance, analogue à celle que nous avons vu fonctionner dans quelques législations européennes.

Cette action, nous en avons étudié la nature, nous avons constaté qu'elle ne va nullement à l'encontre des principes admis en droit public, touchant l'indépendance des souverainetés. Une instance nouvelle serait introduite à l'effet de substituer au jugement étranger, une sentence nationale, et aux incapacités encourues à l'étranger, les déchéances édictées pour le même fait par la loi nationale. Aucun principe fondamental de notre droit ne s'oppose à l'introduction possible en France de l'action spéciale en déchéance ainsi conçue.

Dès à présent du reste, notre législation n'est pas toujours désarmée.

Vis-à-vis de certaines catégories de personnes, l'action disciplinaire, plus libre que l'action pénale, permettra aux juridictions compétentes de prononcer, en prenant pour base de la poursuite la condamnation étrangère, une suspension, une destitution, une révocation d'emplois, de fonctions ou de titre. Mais le domaine d'application de ces procédures est forcément limité à un petit nombre de personnes et la privation de droits encourue, trop restreinte. L'individu frappé n'en garde pas moins le libre exercice de ses droits généraux (1).

(1) Voir sur cette matière Le Poittevin, *op. cit.*, 216 et suiv.

La loi du 24 juillet 1894, sur la protection des enfants maltraités ou moralement abandonnés, fournit aussi un moyen d'intervention indirect, mais précieux. Seules, les condamnations prononcées par nos tribunaux sont visées dans les articles 1 et 2, comme devant entraîner de plein droit et facultativement la déchéance de la puissance paternelle. Il est regrettable que les condamnations étrangères n'aient pas été prévues. Mais le paragraphe 6 de l'article 2, fournit un procédé pour atteindre le même résultat à l'égard de ces sentences, si nos tribunaux le jugent à propos. Les termes larges dans lesquels il est rédigé, permettent d'y faire entrer le cas d'une condamnation étrangère, comme cause d'indignité (1).

Dans certains cas, des lois spéciales pourront, à défaut de l'action pénale définitivement éteinte, offrir des actions particulières qui lui survivent et peuvent être mises en œuvre. Ainsi la loi du 30 novembre 1892. sur l'exercice de la médecine, est venue formellement consacrer, en faveur des Cours et tribunaux, le droit de prononcer « la suspension temporaire ou l'incapacité absolue de l'exercice de sa profession (2) » contre tout mé-

---

(1) Art. 2. — 6° En dehors de toute condamnation, les père et mère qui par leur ivrognerie habituelle, *leur inconduite notoire et scandaleuse* ou par de mauvais traitements, compromettent soit la santé, soit la sécurité, soit la moralité de leurs enfants.

(2) Art. 25. — En cas de condamnation prononcée à l'étranger pour un des crimes et délits ci-dessus spécifiés, le coupable pourra également, à la requête du ministère public, être frappé, par les tribunaux français, de suspension temporaire ou d'incapacité absolue de l'exercice de sa profession.

decin ou officier de santé ayant encouru certaines condamnations à l'étranger.

Ces règles spéciales à certaines professions, il suffirait de les généraliser, en les étendant à tous les Français et à tous les droits dont l'exercice doit être prohibé.

Reste à déterminer la rédaction à adopter. M. Le Poittevin propose le texte suivant qui répond à tous les desiderata de la matière.

« En cas de condamnation prononcée à l'étranger, pour un crime ou un délit entraînant ou pouvant entraîner, d'après les lois françaises, la dégradation civique ou toutes autres incapacités relatives à des droits civiques ou de famille, ou à l'exercice d'une profession, la dégradation civique ou ces incapacités pourront être prononcées par les tribunaux français. » On ajouterait : à la requête du ministère public (cette restriction aurait pour but d'écarter l'initiative de la personne lésée par le délit).

Il ne serait pas impossible d'étendre l'effet de la procédure en déchéance, aux mesures de surveillance édictées par notre Code pénal contre les individus dangereux.

Pour en finir avec l'examen des effets d'un jugement étranger, il nous faut envisager une dernière difficulté. Une condamnation étrangère encourue par un Français va-t-elle pouvoir entrer en ligne de compte pour l'application des peines de la récidive.

Les articles 56 et 58 du Code pénal qui déterminent les conditions et les effets de la récidive, n'ont pas prévu le cas où le premier terme serait une condamnation extraterritoriale.

Aussi quelques criminalistes (1) ont-ils argué du silence de la loi pour soutenir que la sentence rendue hors du territoire pouvait être prise en considération par nos tribunaux.

Un jugement du Tribunal d'Arbois du 17 décembre 1877 est venu consacrer cette doctrine. Nous y relevons les motifs suivants : « Il ne s'agit pas ici de punir après coup, une infraction commise à l'étranger, c'est la deuxième infraction qu'on atteint, celle qui est commise sur le territoire. Peu importe que le premier jugement ait été ou non exécuté, on le considère uniquement comme un fait, on accepte du jugement étranger la constatation de l'infraction et de la culpabilité qu'on suppose établie. » Pourquoi ne pas appliquer les peines de la récidive ? La condamnation n'a été qu'un avertissement inefficace, puisque le coupable ne s'est pas amendé. Il y a donc là une aggravation de culpabilité.

En droit abstrait, nous nous sommes rangés à cette doctrine, en exigeant des garanties destinées à ménager tous les intérêts en présence, mais nous reconnaissons qu'il faut, dans l'état actuel de notre législation française, considérer les condamnations prononcées à l'étranger

_____

(1) Nicolini, *Principes philosophiques et pratiques du droit pénal*, 1851, p. 67 et suiv. ; Paringault, *Rev. crit.*, 1858, p. 477.

comme inexistantes au point de vue de la récidive.

C'est l'avis presqu'unanime de la doctrine. Une jurisprudence constante a adopté la même solution (1).

Un texte spécial serait donc nécessaire pour remédier à cette situation défectueuse.

En attendant cette modification, l'adoption de l'action en déchéance offrirait, ainsi que nous l'avons établi plus haut, un moyen d'obvier aux inconvénients de l'état de choses présent.

Ce que nous avons dit concernant la récidive, s'appliquerait à la relégation (loi du 27 mars 1885).

4° CONDITION. — *Retour de l'inculpé.*

En exigeant cette condition, la loi française fait une saine application du principe qui l'a inspirée. C'est le fait du retour qui porte préjudice à la sécurité publique et crée l'intérêt social à la répression.

Comme dans quelques autres législations, on a élevé dans notre droit, la question de savoir ce qu'il faut entendre par ce retour.

Carnot, Bourguignon, Faustin-Hélie (2) exigent

(1) Blanche, *Code pénal,* n° 450 ; F. Hélie et Chauveau, *op. cit.,* t. I, n° 216 ; Haus, *Droit pénal belge,* t. II, p. 149 ; Ortolan, *Elém. de Droit pénal,* t. I, n° 1200 ; Berthaud, *Cours de Droit pénal,* p. 457 ; Renault, *Rev. crit.,* 1881, p. 467 ; Garraud, *Précis de Droit criminel,* p. 327. Cass., 3 juillet 1863, D. 1865.1.318 ; Aix, 14 avril 1875, D. 1876.2.108 ; Besançon, 15 janvier 1879, S. 79.2.104.

(2) Carnot, *De l'Instr. crim.,* t. I, p. 124 ; Bourguignon, *Jurisprud. de C. crim.,* t. I, p. 78 ; Faustin-Hélie, *Inst. crim.,* t. II, § 130.

que la présence du malfaiteur en France soit volontaire,
sans doute la loi ne le dit pas, « mais elle ne dit pas non
plus que la loi recevra son exécution dans le cas de retour par force majeure, et la force majeure a été toujours considérée comme faisant exception au droit
commun ». Il faut conclure de la nécessité du retour volontaire, que le gouvernement français ne peut demander l'extradition du chef d'un de ses nationaux en cas
de crime commis à l'étranger, car il n'aurait pas compétence pour le juger (1). L'élément répréhensible de
l'infraction manque, tant que l'inculpé reste hors du
territoire.

On doit considérer comme spontanée, la présence d'un
Français qui, menacé d'être extradé pour crime commis
en France, a demandé à être livré sans formalités ; des
poursuites pourront dès lors être intentées contre lui
pour fait commis à l'étranger (D. 61.1.46 en note).

Au cas où le Français est revenu sur le territoire, peu
importe qu'il y soit ou non demeuré ; le ministère public est en mesure d'agir même s'il n'est pas resté jusqu'au moment où l'information est requise (2).

Le fait constitue un délit.

Nous avons rapporté plus haut le texte (art. 5) relatif
à cette matière.

(1) Renault, *Bull. de la Soc. de lég. comp.*, 1880, p. 398.
(2) Paris, 17 juin 1870, *Journ. du Palais*, 71, p. 285.

Pour déterminer parmi les infractions de moindre gravité, celles qu'il allait atteindre, le législateur avait ici le choix entre les divers procédés dont nous avons fait ailleurs l'exposé et la critique.

Il a décidé de ne punir que les délits qui sont en même temps prévus par la loi française et la loi étrangère. L'idée qui a guidé la commission est, nous dit le rapporteur, « qu'il fallait tenir compte à l'homme du milieu dans lequel il a vécu, des habitudes, des mœurs qui l'environnaient au moment du fait commis, de cette sécurité que lui donnait la loi étrangère à laquelle il s'était passagèrement soumis ».

Nous savons quelles critiques soulève cette disposition qui subordonne la culpabilité d'un acte à l'appréciation d'un législateur étranger. Son plus grave défaut est d'affaiblir la souveraineté exclusive de la loi française et d'établir l'inégalité dans le droit pénal. En outre ce système présente de grandes difficultés dans la pratique, en obligeant les juges français à interpréter des lois étrangères.

Durant la discussion, des propositions avaient été faites dans le but de concilier l'intérêt de la répression et l'indépendance de notre législation.

Le moyen le plus radical était celui qu'avait adopté le projet.

Atteindre tous les délits sans distinction, comme on atteignait tous les crimes. On fut d'accord pour décider que c'était aller trop loin.

M. Emile Ollivier préconisait le système de la Faculté de droit de Paris qui bornait la poursuite aux délits contre lesquels notre Code pénal prononçait un emprisonnement d'un an au moins et de 5 ans au maximum. La commission, tout en reconnaissant qu'une délimitation était nécessaire, ne se rangeait pas à ce procédé et voulait atteindre le but, en faisant une énumération nominative des délits punissables. Elle essaya vainement d'établir cette nomenclature et dut y renoncer, pour adopter le critérium qu'édicte le paragraphe 1 de l'article 5.

Il appartiendra au ministère public d'établir que le fait est prévu par les deux législations. Il devra prouver que l'acte incriminé à l'étranger est identique et non pas seulement similaire.

Peu importe d'ailleurs la qualification qu'il y aura reçue, crime, délit ou contravention.

Nous savons quels délits sont réprimés, voyons maintenant à quelles conditions est soumise la poursuite.

Quatre d'entre elles ont été précédemment étudiées à propos du crime commis à l'étranger ; nous n'avons rien à ajouter aux observations faites à ce sujet.

Deux autres conditions particulières sont imposées par le paragraphe 4 de l'article 5, lorsqu'il s'agit d'un délit.

1ʳᵉ CONDITION. — *La poursuite devra être précédée d'une plainte de la partie offensée ou d'une dénonciation officielle à l'autorité française.*

C'est avec raison que le législateur a maintenu, au cas de délit, l'initiative de la personne lésée. Il y a là une garantie de poursuites sérieuses, une protection contre les dénonciations calomnieuses et une direction utile pour la justice. Au sujet de cette plainte quelques questions doivent être examinées.

Qui peut la porter? Celui qui a subi un préjudice direct de l'infraction; si la victime est décédée avant que les poursuites fussent recevables en France, ce droit passera aux parents, indépendamment de leur qualité d'héritiers *non jure successionis sed jure sanguinis* (Cassation, 18 août 1832) (1). « Cette faculté est transmise à tous les individus de la famille du défunt par droit d'affection. »

La plainte est soumise, dans le silence de la loi de 1866, aux règles des articles 63 et 70 du Code d'instruction criminelle. Elle devra donc être portée devant le juge d'instruction compétent, dans l'espèce, soit celui du lieu de la résidence du prévenu, soit celui du lieu où il pourra être trouvé.

Il nous reste à nous demander quel serait l'effet du désistement de la personne lésée après que, sur son ini-

(1) *J. P.,* t. XXXIV, p. 1411.

tiative, l'action a été mise en mouvement par le ministère public. La poursuite devra-t-elle être arrêtée ? Nous ne le croyons pas. Si la loi exige la plainte, c'est dans le but de permettre au parquet d'agir avec plus de sécurité, en lui fournissant une aide et des renseignements indispensables ; cette condition n'a aucunement pour but de rendre un service à un particulier français ou étranger, mais bien de permettre l'exercice du droit social de punir. Telle est bien l'intention du législateur puisqu'il dispose, article 5, § 3 : « La poursuite ne peut être intentée qu'à la requête du ministère public. » Le vœu de la loi est donc que l'action du parquet ne soit pas entravée ; sa plainte déposée, la partie lésée a accompli son rôle, le ministère public est désormais seul juge de l'opportunité de la répression, il peut poursuivre ou s'abstenir, mais s'il prend le premier parti, sa décision ne saurait être paralysée.

Nous ne croyons pas qu'on puisse sérieusement contester cette solution. Elle était plus douteuse sous l'empire du Code de 1808 qui ne contenait aucune disposition analogue au paragraphe 3 de l'article 5 ; aussi la doctrine était-elle divisée sur ce point. La Cour de cassation, par arrêt du 2 octobre 1852, avait pourtant consacré l'opinion à laquelle nous nous sommes rangé (1). »

A défaut de la plainte de l'offensé, une dénonciation officielle faite par l'autorité du lieu où le délit a été com-

____

(1) Faustin-Hélie, *op. cit.*, t. II, p. 159.

mis, à l'autorité française, peut provoquer la poursuite. Cette démarche doit être faite auprès de notre gouvernement par la voie diplomatique, car l'avis officiel a le caractère d'un acte de gouvernement à gouvernement dans lequel le pouvoir judiciaire ne peut s'immiscer. L'autorité française statuera, dans ce cas, sur les suites à donner à la dénonciation.

2ᵉ CONDITION. — *La poursuite ne pourra être intentée qu'à la requête du ministère public.*

Le ministère public est maître de la poursuite : le rapporteur de la loi dit à ce sujet : « Le magistrat, avant d'entamer une procédure sur un fait accompli en pays étranger, ne manquera pas de peser mûrement et la gravité du fait qui lui aura été dénoncé par la partie lésée et la difficulté d'en administrer la preuve et les frais que le procès pourrait entraîner à la charge du trésor. »

A signaler ici une dérogation au droit commun. En matière correctionnelle ordinaire, la poursuite des délits appartient soit au ministère public, soit au plaignant auquel la loi donne le droit d'assigner directement la partie adverse, devant le tribunal compétent (art. 182, C. instr. crim.).

En matière de délits commis à l'étranger, ce mode de citation directe est supprimé. Le législateur réserve au ministère public seul, le droit de provoquer l'œuvre de la justice.

Les rédacteurs de notre loi ont pensé qu'il serait imprudent d'étendre à des faits de cette nature une mesure qui, même. relativement à des infractions accomplies en France, donne lieu à de graves abus. Ils n'ont pas voulu qu'un de nos nationaux pût être victime de manœuvres frauduleuses, d'intrigues calomnieuses préparées contre lui à l'étranger.

Une autre considération a aussi influé sur notre disposition, c'est la raison d'Etat. L'usage inopportun du droit de citation directe pouvait amener des complications diplomatiques, en obligeant l'Etat à prendre parti pour son ressortissant, au risque de provoquer des tensions fâcheuses dans les rapports internationaux.

Le coupable est étranger.

La loi française ne punit pas l'infraction d'ordre privé commise hors du territoire par un étranger, qu'il s'agisse d'un crime ou d'un délit.

Le rapporteur de la loi au Sénat, M. Bonjean concluait à la nécessité d'une disposition analogue à celle qui, en 1852, avait éveillé les susceptibilités de l'Angleterre. D'accord avec la Faculté de droit de Paris, il voulait atteindre le crime dont la victime était française. Cette idée ne prévalut pas.

Pour remédier à cette lacune de notre législation, une mesure, préalable d'ailleurs à toute répression dans l'hypothèse où nous nous trouvons, se présente à l'autorité française. C'est d'offrir au pays, sur le territoire duquel le fait s'est passé, l'extradition de l'accusé, en cas d'insuccès, de faire la même démarche auprès du pays d'origine du criminel, s'il est compétent pour le juger. Pour de nombreuses raisons, cette extradition peut être impossible, soit que l'Etat étranger ne soit pas lié avec la France, par un traité d'extradition, soit qu'il refuse de la demander, soit que le crime ait eu lieu sur un territoire sans maître.

Il ne reste plus, dans ce cas, au gouvernement français qu'une ressource dont l'effet négatif n'est pas de frapper le criminel de la peine qu'il doit encourir, mais seulement de délivrer notre sol de la présence d'un hôte dangereux. Cette mesure c'est l'expulsion (1).

Le fait que l'acte a été accompli de complicité avec un Français ne permettrait pas de juger l'étranger en France. L'inconvénient est ici grave, car l'infraction

(1) Plusieurs lois ont donné au gouvernement le droit d'enjoindre à tout individu, de nationalité étrangère, dont il juge dangereuse la présence en France, de sortir du territoire.

Ce sont les lois du 28 vendémiaire an IV, des 11 avril 1832, mai 1834, 24 juillet 1839, 4 juillet 1846, 3 juillet 1849.

Cette dernière loi attribue dans tous les cas cette mesure au ministre de l'Intérieur, sans contrôle.

Un projet de loi adopté par la Chambre le 29 juin 1889, mais qui n'a pas encore été soumis au Sénat, vient restreindre en cette matière les pouvoirs du ministre de l'Intérieur.

A l'égard de l'étranger condamné par les tribunaux français ou étrangers pour crimes ou délits de droit commun, un arrêté du ministre de l'Intérieur suffira. Mais dans les autres cas, l'expulsion ne pourra être prononcée qu'en vertu d'un décret rendu en conseil des ministres.

sera jugée par les tribunaux de deux nations qui pourront se prononcer dans un sens différent. On se souvient que la loi belge de 1878 a limité à cette hypothèse très spéciale, la compétence de ses tribunaux sur les étrangers coupables d'un fait extraterritorial.

A qui incombera la preuve de la nationalité? Nous ne pensons pas que la question puisse faire de difficulté. La qualité de Français étant une condition essentielle de la poursuite, il semble bien qu'il appartiendra au ministère public de l'établir.

Si l'étranger ne peut être amené devant une juridiction répressive, le Français lésé par l'infraction pourra-t-il, du moins, agir au civil en France, afin d'obtenir réparation du dommage qui lui est causé. L'article 14 du Code civil est ici applicable (1). On l'a contesté en se fondant sur la lettre même du texte qui ne parle que d'obligations contractées. En employant cette expression le législateur n'a prévu, dit-on, que le cas où un Français se trouve créancier d'un étranger par suite d'un contrat. L'objection n'est pas décisive. L'article 14 a prévu expressément les contrats parce qu'ils sont la source la plus usuelle d'obligations, mais il n'a voulu, en aucune façon, soustraire à l'application de la règle les obligations qui pourraient provenir d'une autre cause, quasi-contrat, délit ou quasi-délit.

(1) ART. 14. — L'étranger, même non résidant en France, pourra être cité devant les tribunaux français pour l'exécution des obligations par lui contractées en France avec un Français, il pourra être traduit devant les tribunaux de France, pour les obligations par lui contractées en pays étranger, envers des Français.

SECTION III

COMPÉTENCE RELATIVE A LA POURSUITE ET
A LA JURIDICTION.

Lorsqu'il s'agit d'infractions commises sur le territoire, trois magistrats sont compétents pour intenter des poursuites, d'après l'article 23 du Code d'instruction criminelle :

1° Le Procureur de la République du lieu du crime ou du délit ;

2° Celui de la résidence du prévenu ;

3° Celui du lieu où le prévenu pourra être trouvé.

En matière d'infractions extraterritoriales, la première de ces compétences disparaît.

Deux magistrats restent donc, qui pourront être appelés à mettre en mouvement l'action publique ; ainsi dispose l'article 6 de la loi du 27 juin 1866 :

Art. 6. — La poursuite est intentée à la requête du ministère public du lieu où réside le prévenu ou du lieu où il peut être trouvé.

L'article 24 du Code d'instruction criminelle vient étendre la compétence au ministère public de la dernière résidence connue du coupable.

Mais il peut être utile, pour faciliter l'instruction, de

déroger à ces règles si la nécessité s'en fait sentir : aussi l'article 6 § 2 ajoute-t-il :

Néanmoins la Cour de Cassation peut, sur la demande du ministère public ou des parties, renvoyer la connaissance de l'affaire devant une cour ou un tribunal plus voisin du lieu du crime ou du délit.

On ne comprend guère comment une disposition aussi sage put soulever, pendant les débats, des protestations de la part de l'opposition. Jules Favre y voyait un moyen pour le gouvernement de soustraire l'accusé à ses juges naturels en y substituant arbitrairement des juges d'élection.

Les avantages que présente notre texte ne l'en ont pas moins fait maintenir. Plus le lieu où l'infraction a été commise sera proche, plus l'instruction de l'affaire sera aisée, elle pourra être conduite plus rapidement et à moins de frais. Le magistrat qui en sera chargé sera mieux que tout autre à même de la mener à bien par la connaissance de la langue du pays voisin, de ses mœurs et peut-être aussi de ses lois.

Le texte que nous venons de commenter ne prévoit pas le cas où les poursuites sont intentées avant le retour de l'inculpé en France. On se souvient qu'il peut en être ainsi, pour certains crimes contre la chose publique, commis à l'étranger, par des Français. Dans cette hypothèse, ni l'un ni l'autre des magistrats compétents d'après l'article 6 du Code d'instruction criminelle, ne peut agir. L'article 24 devra dans ce cas être appliqué.

Aux compétences précédentes, ce texte en ajoute une troisième, celle de la dernière résidence connue. Le procureur de la République de cet endroit pourra engager la poursuite à l'effet d'obtenir une condamnation par contumace.

Si la dernière résidence est inconnue, le Garde des Sceaux, par l'intermédiaire du procureur général près la Cour de Cassation, fera procéder à un règlement, afin de désigner la Cour d'assises qui connaîtra de l'affaire.

CRITIQUE DE LA LOI DU 27 JUIN 1866
ET DU PROJET DE RÉVISION.

Nous avons exposé le système de la loi française du 27 juin 1866, sur la répression des infractions extra-territoriales.

Le moment est maintenant venu de le juger.

Notre critique sera brève, car il nous suffira de rappeler et de rassembler les observations que nous avons faites en chemin.

Le principe sur lequel le législateur fonde la compétence de nos tribunaux en cette matière, nous a paru satisfaire à la fois les exigences du droit pur et les besoins de la pratique. C'est dire que nous ne saurions trop l'approuver. Mais, pourquoi en avoir restreint la portée et ne l'avoir pas appliqué de plus large façon en autorisant même la poursuite de l'étranger coupable, hors de France, d'une grave infraction. Sans doute, au moment où fut élaborée notre loi, une telle disposition eût constitué une nouveauté juridique et l'on comprend jusqu'à un certain point, que le projet d'alors ait hésité à l'adopter. Son apparition aurait pu créer des complications diplomatiques avec certains Etats.

Nous concevons difficilement les raisons qui peuvent justifier le même silence de la part des rédacteurs du

projet de révision de notre Code d'instruction criminelle.

Depuis longtemps, les statistiques ont démontré, chaque année, les progrès alarmants de la criminalité, les
gouvernements se sont pénétrés de l'idée qu'il faut
pourchasser et atteindre partout le crime. Aussi à
l'égard de l'étranger dont l'extradition est impossible,
certains Etats ont considéré que l'expulsion ne constitue
pas une mesure assez efficace et préfèrent frapper plus
directement en autorisant des poursuites. Le principe
de la répression ne rencontrait donc plus d'obstacle.

Nous aurions voulu voir notre Code d'instruction
criminelle suivre le chemin que lui ont tracé certaines
législations en vigueur ou seulement projetées, et punir les infractions importantes commises par un étranger. Il eût été aisé de trouver un critérium satisfaisant
pour les déterminer.

Tel est le reproche fondamental que nous adressons
tant au législateur de 1886 qu'à la commission de révision.

Nous y ajouterons quelques observations.

Au sujet de la fin de non-recevoir tirée de l'existence
d'une sentence étrangère définitive, statuant sur le fait
incriminé, nous avons signalé une lacune dans le paragraphe 2 de l'article 5 actuel. Le paragraphe nouveau est
venu la combler, en exigeant que le condamné ait subi sa
peine ou obtenu sa grâce, pour ne pouvoir plus être inquiété. Ici encore, il faut faire des réserves, car si la dis-

position qui nous régit est insuffisante, le texte révisé est, à l'inverse, trop inflexible.

Dans le même ordre d'idées, il était opportun, croyons-nous, de consacrer la compétence exclusive de nos tribunaux, en matière d'infractions dirigées contre la chose publique française, que le coupable fût ou non national. Un jugement étranger ne doit pas en ce cas éteindre l'action de notre justice, l'Etat français étant trop intéressé, pour s'arrêter devant une décision à bon droit suspecte.

Une autre innovation s'impose. C'est d'adopter, à l'exemple d'un certain nombre de Codes étrangers, une action en déchéance et moyens préventifs. On ne peut admettre que le condamné échappe, en revenant en France, à une partie du châtiment qu'il a encouru. Les incapacités qui le frappent ne doivent pas s'évanouir, la frontière franchie. L'ordre public exige qu'elles soient en quelque sorte naturalisées par décision de nos tribunaux.

Ainsi devrait être complétée, sur le point qui nous occupe, l'œuvre de révision du Code d'instruction criminelle. La commission ne nous paraît pas avoir complètement rempli sa tâche, en se bornant à modifier le paragraphe 2 de l'article 5 ainsi que nous l'avons indiqué et à mettre fin à une antique controverse, en s'expliquant sur le caractère que doit présenter le retour de l'inculpé en France.

Amendée et complétée dans le sens des travaux

récents publiés sur cette question (1), notre loi serait en mesure d'affronter la comparaison avec les Codes et Projets les plus nouveaux et les mieux rédigés.

(1) Voir notamment les conclusions d'une étude que nous avons déjà eu l'occasion de citer : *Des crimes et délits commis par un Français à l'étranger*. A. Le Poittevin, *Journ. du dr. int. priv.*, 1894, p. 234 et 235.

CONCLUSION

L'étendue de la compétence extraterritoriale, telle
que nous la comprenons, est aussi large que possible.
Elle doit embrasser tous les cas où il est impossible de
remettre au pays du fait le délinquant, de telle sorte
qu'il ne puisse jamais se dérober aux conséquences de
son acte. Une impérieuse nécessité l'exige, et selon
nous, les principes ne s'y opposent pas.

Ce résultat ne peut être acquis par un autre moyen, à
cause des préjugés internationaux en cours et de l'insuffisance de la pratique de l'extradition dans l'état actuel du droit.

On ne saurait pourtant cacher les inconvénients pratiques du système, tel que nous l'avons exposé. Difficulté
de déterminer les actes qui appellent la répression et
en dehors des cas où l'infraction est évidente, indénia-
ble, avouée, obstacles sérieux pour instruire l'affaire
dans un endroit éloigné du lieu où s'est passé le fait,
entraînant pour le législateur, l'obligation de laisser au
ministère public, pour l'opportunité de la poursuite, un
pouvoir un peu arbitraire. Un autre danger est aussi à
redouter : ce sont les conflits éventuels entre les juridictions compétentes qui, tendant à un même but, ris-

quent d'empiéter sur leurs droits respectifs, au détriment même de l'œuvre qu'elles se proposent.

Si nous rapprochons de ces critiques le principe sur lequel nous avons souvent insisté, à savoir que la justice territoriale est la plus qualifiée pour poursuivre et la mieux armée pour mener à bien l'information, nous sommes amenés à conclure qu'elle doit être mise à même de statuer, toutes les fois qu'il n'y aura pas impossibilité. Il faudrait donc entrer plus franchement qu'on ne l'a fait jusqu'ici, dans la voie de l'extradition et en organiser l'application dans une plus large mesure.

Celles d'entre les législations actuelles qui se préoccupent de punir l'étranger coupable d'une infraction extraterritoriale, ne poursuivent qu'après avoir offert à l'Etat, dans les limites duquel l'acte a été commis, de lui livrer le délinquant. Celles qui ne le punissent pas l'extradent sans difficulté aux autorités compétentes.

Ici, par conséquent, le besoin d'une innovation ne se fait pas sentir.

Il n'en est plus de même, si l'on suppose que le malfaiteur est national du pays de refuge.

Une pratique à peu près constante du droit international moderne, veut qu'un Etat ne livre pas ses propres citoyens. Cette restriction est insérée dans le plus grand nombre des Codes et des traités (1). Qu'il nous soit per-

---

(1) Code pénal autrichien, art. 36. Code pénal de l'Empire d'Allemagne (*Disp. prélim.*, § 9), loi belge du 15 mars 1874, loi hollandaise du 6 avril 1875. En France, ce principe est affirmé dans une circulaire du

mis de nous demander jusqu'à quel point elle est justifiée.

Ses partisans l'appuient d'abord sur un argument juridique. Livrer un national à une juridiction étrangère, ce serait, disent-ils, le distraire de ses juges naturels. Poussée jusque dans ses dernières conséquences, cette théorie est inadmissible, car elle conduit à permettre à l'étranger qui serait arrêté et jugé à l'endroit où il a commis une infraction, de dénier la compétence des tribunaux locaux et de demander à être jugé par ceux de sa patrie. D'ailleurs la juridiction la plus naturelle n'est-elle pas ici celle du pays où s'est passé le fait.

Des considérations morales ont également été mises en avant.

Certains auteurs (1) ont voulu voir dans le renvoi du national devant des magistrats étrangers un acte contraire à la dignité nationale. L'Etat a l'obligation de protéger son ressortissant, il méconnaîtrait sa mission s'il se faisait l'auxiliaire d'une justice étrangère qui ne présentera peut-être pas toutes les garanties qu'eussent données au délinquant les lois de sa patrie. On peut, selon nous, contester qu'un malfaiteur ait, après avoir violé ses devoirs sociaux, droit, de la part de son gouvernement, à une telle sollicitude. Il faut supposer, pour en

garde des sceaux du 8 avril 1841, § 2. Il est reproduit dans l'article 1er du projet de loi d'extradition actuellement soumis au Sénat.

(1) Tittman, *Strafrechtspflege*, pp. 21 et suiv. ; Le Sellyer, *Traité de dr. crim.*, t. V, 1941 ; Trébutien, *Cours élém. de dr. crim.*, t. II, p. 136 et suiv.

expliquer la nécessité, un sentiment de défiance au sujet de l'organisation judiciaire ou de l'impartialité des magistrats du pays où l'infraction a été commise. Ces craintes pourront n'être pas fondées et, en admettant qu'elles le soient, ne se rencontreraient-elles plus si le réfugié est un étranger? Dans ce cas pourtant, on n'hésite pas à livrer le coupable. On subordonne, il est vrai, généralement, l'extradition à l'existence d'une convention antérieure qui implique chez la nation avec laquelle elle est conclue, des institutions juridiques rationnelles et une bonne administration de la justice; de plus on vérifie le bien fondé de la demande en examinant avec soin les présomptions qui pèsent sur l'accusé. Pourquoi ne pas traiter de même le national, en instituant, s'il en est besoin, des formalités encore plus sérieuses. L'Etat ne faillirait en rien à son rôle de défenseur des intérêts de ses propres citoyens, en les forçant à satisfaire à l'obligation par eux contractée du fait de leur délit envers le pays dont ils ont enfreint les lois. Il ne serait d'ailleurs pas impossible que le prévenu y trouvât un avantage et fût plus à même d'établir son innocence au lieu du fait que dans sa patrie où, comme le remarque M. Fiore (1), les garanties de la défense sont notablement diminuées par suite de la nécessité où l'on est de substituer au débat oral, l'information écrite.

Les objections présentées en faveur de la non-extradition des nationaux ne nous paraissent donc pas déci-

____

(1). *Droit pénal intern.*, II, p. 534.

sives. Dès à présent, nous pensons qu'il n'y aurait pas d'inconvénient à ce que les Etats dont les institutions présentent un certain degré d'analogie et dont l'organisation est de nature à inspirer une confiance réciproque, fissent disparaître de leurs traités cette prohibition un peu surannée (1).

En facilitant ainsi l'action de la compétence territoriale, on arriverait à appliquer dans le plus grand nombre de cas, la répression la mieux appropriée.

Le domaine de la compétence extraterritoriale serait restreint d'autant. Son utilité n'en demeurerait pas moins manifeste. Elle se justifierait comme juridiction extraordinaire, complémentaire et supplétoire, dans toutes les hypothèses où l'extradition serait en défaut, et apparaîtrait comme dernier remède contre l'impunité.

(1) Nous avons vu qu'en France un décret du 23 octobre 1811 avait admis l'extradition d'un Français. L'Empereur se réservait l'examen de chaque cas.

Actuellement dans le droit anglais, aucun texte n'interdit de livrer un sujet britannique. Le traité du 4 juin 1878 avec l'Espagne met, pour la première fois, ce principe en pratique.

Vu :

Le Président de la thèse,
A. LE POITTEVIN.

Vu :

Le Doyen,
GARSONNET.

Vu et permis d'imprimer :
Le Vice-Recteur de l'Académie de Paris,
GRÉARD.

TABLE DES MATIÈRES

TROISIÈME PARTIE
LÉGISLATION FRANÇAISE.

Imp. G. Saint-Aubin et Thevenot. — J. Thevenot, Successeur, Saint-Dizier (Hte-Marne).

Imp. G. Saint-Aubin et Thevenot. — J. Thevenot, successeur, Saint-Dizier (Hte-Marne)